DU MÊME AUTEUR

NOTRE HISTOIRE. LES CENT DATES QUI ONT FAIT LA NATION EUROPÉENNE, *JC Lattès*, 2014.

JE NE TROMPERAI
JAMAIS LEUR CONFIANCE

PROFESSEUR PHILIPPE JUVIN

Je ne tromperai jamais leur confiance

nrf

GALLIMARD

« Je ne tromperai jamais leur confiance et n'exploiterai pas le pouvoir hérité des circonstances pour forcer les consciences. »

Serment d'Hippocrate

PROLOGUE

Ce sont de petits cahiers d'écolier. Depuis des années, ils me suivent partout. À l'hôpital, à la mairie, à la maison, je les attrape et je note ce dont je veux me souvenir – ce peut être un compte rendu médical, la demande d'un administré, une réflexion, des propos échangés lors d'une réunion, la phrase d'un livre, ce qu'on me dit au téléphone. Souvent ils se perdent dans un coin et je les retrouve des mois plus tard, à moitié entamés. J'en délaisse un, en commence un autre, aucun fétichisme entre eux et moi. Entre janvier et mai 2020, pourtant, j'ai fait preuve avec mon cahier d'une inhabituelle attention. Quelque chose d'inhabituel nous arrivait, il fallait fixer ces instants. C'est ainsi que ce livre est né.

Je suis médecin, chef de service des urgences dans un grand hôpital parisien. Je suis maire, élu depuis trois mandats à La Garenne-Colombes dans les Hauts-de-Seine. Quand la première vague due au coronavirus s'est annoncée, embolisant à grande vitesse le système de santé, nous étions en campagne électorale pour les municipales. C'est de ces deux terrains, l'hôpital et la mairie, que je l'ai vue enfler et déferler avec une violence effroyable. Tout au long de ces semaines, j'ai consigné ce que nous étions en train de vivre.

D'abord il y eut la Chine, et notre incrédulité. Décidément, les Chinois étaient bien différents de nous, si peu préoccupés par les libertés publiques qu'ils étaient capables d'enfermer toute une ville pour une de ces épidémies dont ils étaient pourtant si coutumiers. Nous n'avons pas fermé nos frontières et nous avons continué de vaquer à nos occupations. Vint ensuite l'Italie. Nouvelle incrédulité. Ce sont nos cousins. Comment expliquer ce chaos ? Serait-ce parce que, c'est bien connu, les Italiens ne sont pas sérieux et que leur système hospitalier ne vaut pas le nôtre ? Aucun danger que nous vivions la même chose. D'ailleurs notre ministre de la Santé nous le certifiait : nous serions prêts au cas où le virus aurait la curieuse idée de se moquer des frontières.

Un matin au réveil, ce fut nous. D'abord l'Oise et un chalet à la montagne. Puis on parla du Grand-Est sur BFM. Et soudain, l'embrasement.

Nous fûmes confinés. Complètement. Indistinctement. Là où était le virus et là où il n'était pas. Le confinement dura, puis cessa un jour.

J'ai tout noté. Griffonnant pendant les réunions à l'hôpital, jetant des mots à la volée durant les trajets entre l'hôpital et la mairie, prenant quelques minutes le soir, avant le sommeil, pour résumer une nouvelle journée folle. Les pages quadrillées se sont couvertes de mon écriture illisible de médecin. Elles se sont emplies d'un événement dont je n'ai pas compris immédiatement toute l'ampleur et tout l'enjeu. Sait-on, dans le feu de l'action, que la grande Histoire vient de frapper à nos portes ? À les relire quelques mois plus tard, alors que la guerre mondiale au virus n'est pas gagnée, j'y revois la stupeur, les hésitations, les incompréhensions, les colères qui s'emparèrent de nous, mais aussi le courage de ceux qui dévouent leurs vies à soigner leurs semblables, quelles que soient les conditions.

La vie a repris peu à peu. Une histoire circulait : ça avait été dur, mais « on » avait tenu. C'était faux. On avait tenu, mais à quel prix ! En ne soignant plus les patients qui n'avaient pas le Covid et en freinant l'hospitalisation des résidents de maisons de retraite. Pourquoi ? Parce que nous n'étions pas prêts. Vint le Ségur de la santé : les salaires du personnel soignant furent augmentés jusqu'à la moyenne (basse) de l'OCDE. On était certes loin des + 35 % d'augmentation du salaire minimum de Grenelle après mai 1968. Mais la France avait des moyens à l'époque. Cependant l'effort financier consenti au moment du Ségur n'avait pas été fait depuis bien longtemps et il fallut en reconnaître le caractère exceptionnel en ces temps de disette budgétaire. Malheureusement, rapportée à chaque agent, l'augmentation était modeste et la déception fut d'emblée perceptible. Dans les hôpitaux l'activité habituelle reprenait doucement, les écoles rouvraient timidement et les Français retournaient au travail. On se tassait dans les bus et aux terrasses. Sur BFM, une seule question intéressait : y aurait-il une seconde vague ? Des gens avisés répondaient oui avec assurance et d'autres non avec certitude. Quant à moi, je soutenais que je ne savais pas, mais qu'il fallait s'y préparer comme si elle allait arriver.

L'été est venu. Nous sommes quelques-uns à avoir tiré plusieurs fois la sonnette d'alarme sur le manque de lits de réanimation, les aéroports sans contrôle, la nécessité de porter des masques en intérieur et en extérieur, le chaos des tests de ville, la fatigue des soignants et tous ces patients cardiaques ou cancéreux qui nous arrivaient, blessés par des mois de confinement. Nous n'avions pas été prêts en mars. À l'automne, à l'heure où j'écris ces lignes, nous ne le sommes pas davantage et il faut de nouveau interdire et réglementer dans la cité, et déprogrammer les opérations à l'hôpital. La confiance se fait rare. Les Français ont le sentiment que les autorités ont toujours un train de retard, qu'elles sont incapables de bâtir d'autre stratégie que de limiter leurs libertés et exiger d'eux toujours plus d'efforts.

J'ai retranscrit mes notes, je les ai rendues lisibles mais je n'en ai pas gommé les tâtonnements. Pour ne pas oublier. Pour ne pas laisser l'amnésie recouvrir les souffrances ni le révisionnisme réécrire l'histoire. Pour, surtout, pouvoir en tirer des enseignements qui nous aideront à surmonter cette épreuve hélas pas terminée. Sans cesse, la question me hante : serons-nous prêts un jour ? Nous avons perdu les premières batailles. Saurons-nous mieux préparer les suivantes ? Et gagnerons-nous la guerre ? Pour moi, la réponse ne fait pas de doute. Oui, un jour nous pourrons peut-être relire cet épisode plus sereinement, à une condition indispensable : que nous sachions tirer les leçons de cette étrange défaite.

Paris, le 18 octobre 2020.

I

JOURNAL DE BORD

Janvier-mai 2020

JANVIER

Mardi 21 janvier

Lorsque l'on est maire, janvier est une longue cérémonie de vœux. J'aime bien ces traditions et, depuis dix-neuf ans que je suis élu à La Garenne, je m'y plie avec plaisir. Ce soir, c'est « professionnels de santé ». Quelques discours, un verre de l'amitié et des souhaits sincères, que cette année soit douce et vive, pour les médecins de ma commune comme pour leurs patients. La soirée a commencé par la présentation d'une toute nouvelle association. Visitatio est un réseau de bénévoles et de soignants spécialisés dans l'accompagnement à domicile des malades en fin de vie. Camus écrivait que nos villes deviennent des « déserts d'hommes » : la plupart des gens meurent aujourd'hui à l'hôpital, unique option quand on est seul ou dans un cadre inadapté. Beaucoup préféreraient rester chez eux, dans la chaleur d'un environnement familier, entourés de leurs proches et de leurs souvenirs. Visitatio s'est donné pour but de leur laisser cette possibilité. En venant tenir compagnie, en prenant soin et en soignant, leurs équipes aident à rendre possible le domicile chaque fois et aussi longtemps que c'est médicalement envisageable. Au micro, le Dr François Croixmarie, médecin de l'association, explique une journée type. Les médecins, infirmières, kinésithérapeutes et tous les invités sont en arc de cercle autour de lui. Ils écoutent. J'avais prévenu l'organisatrice : pas plus de dix minutes de présentation car après, ils piaillent. Depuis vingt minutes maintenant, il parle. Et tous sont là, attentifs, sages et souriants. Pourquoi ? La confiance qu'il inspire naturellement ? Son sourire ? Sa jeunesse ? La clarté de son propos ? Le sujet aussi, sans nul doute.

L'idée de se retrouver isolé au pas de sa vie est la pire des choses. Au silence de l'assemblée, je devine que je ne suis pas le seul à éprouver cette crainte. Alain Cordier, qui fut directeur général de l'Assistance publique, m'avait avoué un jour qu'il ne demandait au fond qu'une chose à notre système de santé : qu'il lui garantisse que quelqu'un lui tiendrait la main au grand moment. Mon jeune confrère a terminé. Nous l'applaudissons. À mon tour, je remercie Visitatio. Et en quelques mots, je dis aux participants pressés de me voir conclure combien ils sont précieux. Les professionnels libéraux forment l'ossature de notre système de santé. Sans eux, pas de médecine en France. Je termine en leur annonçant que l'année sera calme : les travaux qui ont éventré La Garenne touchent à leur fin et nous pourrons profiter ensemble de la belle place de la Liberté au centre-ville. Nous nous promettons de nous y retrouver aux nouvelles terrasses de café dès les premiers beaux jours.

Mercredi 22 janvier

À l'Hôpital européen Georges-Pompidou (HEGP), mon bureau est en désordre. Je suis un bordélique semi-organisé qui culpabilise. Chaque jour je me dis que je devrais mettre un peu d'ordre dans les papiers, articles et autres impedimenta qui s'accumulent. Mais pas le temps de ranger : c'est l'heure de la première réunion. Comme chaque matin à 8 h 30, l'équipe de jour prend les transmissions de l'équipe de nuit. L'activité a été soutenue. Aux urgences, la lumière est toujours allumée et l'activité ne faiblit jamais durablement. Tous les ans, nous admettons 60 000 patients adultes, c'est-à-dire entre 140 et 200 par jour selon les moments de l'année. Comme d'habitude, quelques patients âgés ont fini la nuit sur un brancard, faute de lits disponibles dans l'établissement et au service porte. Un d'entre eux, avec une fracture du col du fémur, aurait dû être transféré depuis hier après-midi pour être opéré. Mais l'interne ne parvient pas à obtenir le feu vert de son homologue de l'hôpital public voisin qui doit le prendre en charge. Je lui conseille de laisser tomber et lui indique de l'adresser à la clinique Bizet pour gagner du temps. Après une telle fracture, l'intervention ne doit pas trop tarder si on veut espérer une bonne récupération. Alors, au diable la distinction public-privé !

Je suis fier d'exercer à l'hôpital public mais je n'aime pas les cloisonnements stériles entre le privé et le public. J'ai appris cela dans mon précédent poste, à l'hôpital Beaujon à Clichy, où j'ai été nommé professeur en 2002. La directrice générale de l'Assistance publique-Hôpitaux de Paris (AP-HP) d'alors, Rose-Marie Van Lerberghe, était une haute fonctionnaire passée par le privé. Elle essayait d'instiller de nouvelles techniques de management à l'hôpital public. Sa tâche n'était pas facile parce qu'elle était sans cesse accusée de vouloir, selon la formule excommunicatrice, « privatiser l'hôpital public ». Afin d'améliorer le fonctionnement des urgences de Beaujon, elle m'avait fait rencontrer la société McKinsey dont je ne soupçonnais même pas l'existence à l'époque. Pour la première fois dans un hôpital français, nous avions introduit des techniques de *lean management*, aujourd'hui connues de tous mais que nous découvrions alors. Le *lean management* consiste à faire la chasse à toutes les procédures inutiles qui font perdre du temps aux soignants. Gagner du temps pour le consacrer aux malades. D'abord sceptique sur ce qui me semblait être un gadget, j'avais finalement été convaincu. En modifiant nos pratiques, nous étions non seulement devenus plus efficaces, mais j'avais pu redonner du sens au travail des équipes en les embarquant dans un projet collectif. L'ambiance et notre efficacité avaient été transformées. Jusqu'à ce jour où, entre Noël et le jour de l'An 2009, Benoît Leclercq, le patron de l'AP-HP qui a succédé à Rose-Marie Van Lerberghe, m'invita à passer le voir. Paris était vide. Il faisait tellement froid que je serrais dans mes deux mains la tasse brûlante d'un café noir. Il sortit un gros dossier marron cartonné, enserré d'une lanière.

Comme s'il avait préparé son effet, il me demanda :

— Vous connaissez Pompidou ? Il laissa un temps en suspens et sourit : L'hôpital, pas le président.

— Oui un peu. J'y suis allé déposer deux ou trois patients.

Il me désigna de la main le gros dossier marron :

— Eh bien, vous avez là toutes les plaintes des patients des urgences reçues depuis trois mois. Ça ne peut plus durer. Tout le monde se plaint. Le maire, la direction, les associations de malades. Tout le monde. Êtes-vous prêt à quitter Beaujon pour Pompidou et faire là-bas ce que vous avez fait à Clichy ?

J'avais acquis à Beaujon une réputation d'organisateur. J'ai réfléchi quarante-huit heures, et j'ai dit oui. Je mesurais l'honneur que c'était de travailler dans ce que d'aucuns avaient baptisé le navire amiral de l'Assistance publique.

Une fois la transmission terminée, je m'isole pour préparer une réunion avec la philosophe Cynthia Fleury. Cynthia travaille avec des consultants pour améliorer la qualité de l'accueil des patients. Avec son équipe, elle a repris un projet que j'avais à cœur depuis longtemps : comme pour les voyageurs des classes supérieures des compagnies aériennes, l'idée était de remettre à chaque patient une pochette dans laquelle il trouverait une couverture, un masque, des boules Quies, un biscuit, de l'eau, une lingette rafraîchissante… Pourquoi ? Dans une enquête de satisfaction, les patients qui attendent aux urgences disent être plus sensibles à la qualité de l'accueil, aux efforts contre le bruit, le froid, ou la soif, qu'à la qualité des soins… Mon bureau surplombe le hall d'entrée, qu'on appelle ici la rue hospitalière. À côté de moi, Nadia Adam, mon assistante qui me supporte depuis Beaujon.

À 16 h 30, je quitte l'hôpital pour la mairie de La Garenne-Colombes. Depuis dix-neuf ans que je suis élu, ma vie de maire est rythmée par des rendez-vous dont certains n'ont d'anodin que l'apparence : des plaintes entre voisins, un commerçant qui veut vendre son fonds de commerce, une demande de place en crèche. Mais aussi par des réunions de travail stratégiques : aujourd'hui le comité de pilotage de l'opération d'aménagement des Champs-Philippe.

Le soir, je préside la cérémonie de remise des prix du concours des vitrines de Noël dans la salle des mariages. Comme je l'ai fait hier avec les médecins, je souhaite à chacun des commerçants une bonne année. Une ville sans commerce ni artisanat meurt. J'ai un petit mot à part pour souhaiter bonne chance aux nouveaux arrivants, en particulier un couple qui vient d'investir toutes ses économies dans la rénovation d'un restaurant qui ouvrira en mai prochain : La cantinerie, place des Champs-Philippe.

Il est 22 heures. Je rentre à la maison. J'habite la plus vieille maison de la commune. Jean Nicolas Corvisart, le médecin de l'Empereur, l'avait acquise et en avait fait un rendez-vous de chasse. J'y suis depuis 2001. Mes enfants y ont grandi. J'aime le calme qui y règne et les roses odorantes du jardin derrière. À cette heure, c'est désert. Mes filles sont grandes et désormais indépendantes. Deux habitent à Paris et la troisième à Bruxelles. Mon fils vit à Paris avec sa mère, ce qui lui permet de passer souvent nous voir tous les trois, moi, le chien Polka et le chat Jude Law. Mais quand je suis seul, ma vie, c'est mairie et hôpital.

Jeudi 23 janvier

À l'hôpital, un message d'alerte de la direction s'inquiète de notre préparation en cas de montée en charge de l'épidémie de grippe. Je dois « faire remonter mes sujets d'inquiétude ».

Mes sujets d'inquiétude ? Ils sont connus et je les ai exprimés mille fois, dans mille notes. Sur 21 postes de médecins, un tiers sont soit vacants, soit occupés par des médecins qui sont absents pour des raisons personnelles, de santé, ou de mobilité universitaire. Sur les 7 qui me manquent, il m'en faudrait au moins 6 pour tourner normalement. Les solutions ? Redistribuer les moyens entre services de l'hôpital, utiliser l'argent des postes vacants pour mieux payer ceux qui sont pourvus, offrir à nos personnels des perspectives de carrière et des conditions de travail identiques à celles que proposent les hôpitaux et cliniques voisins. Bref, sortir du cadre étroit habituel. Nous sommes dans une pièce de théâtre, une comédie maintes fois jouée car l'administration connaît mes demandes et sait, comme moi, qu'elle n'y répondra sans doute pas. Non que les gens en face de moi ne veuillent y accéder, seulement ils savent qu'ils ne le pourront pas. Mais il faut faire comme si nous cherchions tous des solutions, alors nous échangeons nos arguments sans illusions, conscients que cet échange a peu de chances d'aboutir. Pourquoi ? Parce que l'administration a peu de marge de manœuvre et, surtout, engoncée dans des règles tatillonnes, ne peut prendre des décisions de rupture. Par exemple, nous n'utiliserons jamais la masse financière rendue disponible par les postes vacants pour mieux payer les médecins restants : on préférera bêtement payer une fortune des intérimaires. Pour repousser les décisions qu'elle ne peut pas prendre, l'administration française a une technique : multiplier les diagnostics, les groupes de travail et les évaluations jusqu'à ce qu'on se lasse. J'hésite donc à répondre, mais je copie finalement la note que j'avais déjà envoyée il y a un mois, restée lettre morte.

Surprise. À 18 heures, je reçois une réponse. Le temps d'ouvrir le mail, je me surprends à espérer : et si, aujourd'hui, la logique de l'immobilité prenait fin ? Je suis vite refroidi : mon interlocutrice propose d'« organiser une réunion ». Dans la soirée, j'apprends que les lits sur lesquels je comptais pour agrandir le service des urgences et lui permettre de faire face à l'épidémie de grippe sont donnés à un autre service. Sans explication. L'expression « prêcher dans le désert » prend tout son sens à l'hôpital public. Il faut que l'HEGP soit sacrément beau pour qu'on veuille y rester ! Je rentre dépité, mais j'ai l'habitude.

Vendredi 24 janvier

La Direction générale de la santé (DGS) nous apprend que trois cas de la nouvelle maladie qui vient de Chine, l'infection à coronavirus, ont été décrits en France. Deux à Paris et un à Bordeaux. Les patients vont bien. On nous demande d'être vigilants. Il y a un mois, j'avais lu des choses inquiétantes sur la transmission de ce virus. Comme il est nouveau, je cherche à le comparer à la grippe, que je connais. Il serait dix fois plus mortel.

Dans la soirée, comme chaque année à la même période, j'inaugure le Salon des vins de La Garenne. Il y a là une soixantaine de vignerons, dont une large délégation portugaise, leurs vins et charcuteries. On me prévient de la venue d'António Nóvoa, ambassadeur du Portugal auprès de l'Unesco. L'homme est impressionnant. Il a été candidat à la présidence de la République en 2016. Spécialiste de l'éducation, il nous fait un cours magistral dans un parfait français, sur la relation entre éducation et ancrage dans un territoire. Qu'il est bon de croiser des gens intelligents. Avec mon verre, de stand en stand, je pense à Chirac au Salon de l'agriculture. Péché d'orgueil.

Samedi 25 janvier

L'après-midi est froide et sèche. Je m'attaque au jardin. Je peine à ratisser les épines du pin qui polluent la pelouse et l'empêchent de s'épanouir. L'exercice n'est pas facile ; fines et allongées, elles s'accrochent à la terre. J'en remplis trois sacs. Ma chemise est en sueur et mon dos en marmelade. Polka croit que je veux jouer et se jette dans la herse à chacun de mes mouvements. Tout cela vaut une séance de sport.

Vers 17 heures, alors que mon travail de Romain touche à sa fin, appel de l'hôpital. Othmen Kahila est un des nouveaux médecins du service. Je l'ai débauché de l'hôpital de

Montargis il y a trois mois. Tous les hôpitaux publics se font concurrence pour trouver des médecins. Othmen est tunisien. Il est âgé d'une trentaine d'années. Aimable sans être souriant, plutôt grand, il parle avec douceur mais autorité. Il inspire confiance aux patients et à l'équipe, qui l'a immédiatement adopté. C'est une très grande chance de l'avoir recruté. Au son de sa voix, je comprends qu'il est soucieux. De garde aux urgences, il vient de recevoir un vieux monsieur chinois avec sa fille et son interprète. L'homme est fébrile et dit se sentir essoufflé depuis hier. Cet essoufflement est permanent, et persiste même au repos. Sa fréquence respiratoire est effectivement à 25 par minute, ce qui est trop. Les consignes reçues hier sont claires. En cas de doute, isoler le patient dans un box, limiter les contacts, l'examiner et téléphoner à un des deux infectiologues de garde, à la Pitié ou à Bichat. Ceux-ci doivent déterminer la probabilité que le patient soit atteint par le nouveau virus et peuvent alors décider de prescrire un test. Othmen, qui est un excellent praticien, a suivi la procédure. Les infectiologues ont répondu qu'ils ne croyaient pas au coronavirus car le patient ne vient pas de Wuhan. Ils refusent donc de le tester et ne prescrivent pas de l'isoler. Or, sans leur accord, impossible de faire de test. Après un bref échange, Othmen et moi décidons de désobéir aux consignes par prudence. Il y a une épidémie en Chine, et le patient vient de Chine ? Soyons simples : nous prenons sur nous de le garder, et en isolement. Quant au test, nous n'en avons pas chez nous. Je raccroche en lui demandant qu'on me tienne au courant.

Dimanche 26 janvier

Le matin, je dois recevoir à la maison cinq ou six militants pour faire le point sur la campagne des municipales. Le premier tour a lieu dans moins de deux mois. Nos opposants de LREM deviennent un peu agressifs dans leurs propos. Une des commerçantes de la ville, que j'ai aidée à maintenir son affaire à flot en lui facilitant l'organisation d'animations, et qui soutient mon adversaire, a déclaré hier, dans une réunion publique, qu'à La Garenne il n'y avait aucune politique culturelle. Elle était plus tempérée quand elle venait quémander le soutien financier et logistique de la ville pour son commerce. Petite déception, non pas électorale, mais humaine.

De toute façon, les Garennois ont l'esprit ailleurs. Ils se préparent à partir en vacances dans quinze jours.

Lundi 27 janvier

Journée au service porte. Le service porte, ou Unité d'hospitalisation de courte durée (UHCD) en sabir administratif, est une unité rattachée au service des urgences. On y hospitalise pendant une nuit les patients des urgences avant de leur trouver un lit ailleurs. Bien sûr, le passage par le service porte n'est pas obligatoire. On peut tout à fait aller directement des urgences à un service d'hospitalisation. Mais la plupart du temps, le « bon lit » n'est pas disponible dans le « bon service » au « bon moment ». Par exemple, un malade avec une pneumonie doit aller en pneumologie. S'il n'y a pas de lit dans le service de pneumologie au moment où on décide de l'hospitaliser, on lui fait passer la nuit au service porte. L'UHCD est donc une sorte de sas.

Il est 8 heures et j'ai quinze malades hospitalisés à l'UHCD. Comme chaque matin, le jeu va consister à trouver un lit d'hospitalisation pour chacun, à Pompidou ou dans un autre hôpital, dans le public ou le privé, le plus vite possible. C'est la course, car il y a toujours moins de lits disponibles que de patients à hospitaliser, et tous les services d'urgences sont en concurrence. Il faut que j'examine chaque malade le plus vite possible pour éventuellement modifier une prescription ou rattraper un diagnostic, et le présenter au médecin du service à qui je vais le proposer. Puis j'appellerai mon réseau pour trouver une place à chacun. Et ce, autant de fois qu'il en restera à placer. Tout ça se fait manuellement, sans liste automatisée : nous ne savons pas où sont les lits vacants puisque, à part pour ceux de notre propre hôpital, l'information n'est pas centralisée. Nous travaillons, les deux internes, le cadre infirmier et moi, à l'aveugle. C'est la loterie : telle clinique me dit qu'elle peut nous en prendre deux, tel service de l'hôpital voisin n'a plus de places, tel autre en a une mais doit la garder pour un patient qui arrive cette après-midi, le téléphone sonne dans le vide dans un quatrième, le médecin n'est pas arrivé dans le cinquième, il y a bien une place dans le sixième établissement mais c'est une chambre d'hommes, or je n'ai plus que des femmes à hospitaliser, et j'arrive trop tard dans le dernier car leur seul lit disponible a été pris par les urgences de Saint-Joseph ! Il me faudra pour finir hospitaliser deux patientes dans des cliniques un peu lointaines. Mais nous n'avions pas d'autre choix. Et tous les matins, c'est partout pareil en France.

Comme nous le craignions, l'état du patient chinois d'hier s'est dégradé durant le week-end. Malgré l'avis contraire des infectiologues, nous l'avions bien isolé. Depuis samedi, on n'entrait plus dans son box des urgences ni sa chambre de l'UHCD sans masque FFP2, charlotte, surblouse et gants. La situation a pris une très mauvaise tournure dans la nuit de samedi à dimanche. Sa respiration est devenue progressivement plus rapide et il toussait, s'épuisant chaque fois davantage. Dans les dernières heures de son hospitalisation dans le service, la maladie s'est mise à courir plus vite que nous. La saturation est passée au-dessous de 90 % malgré l'augmentation ininterrompue de l'apport en oxygène. Dimanche en fin de matinée, il a quitté le service où nous l'avions isolé, pour la réanimation. Il sera finalement intubé.

Le soir, je réunis mes adjoints au maire avec une bonne nouvelle. L'État devrait mettre fin à la procédure contraignante dite de carence, qui nous a été imposée il y a trois ans pour n'avoir pas suffisamment construit de logements sociaux. Exemple typique de l'hypocrisie de l'État qui impose à certaines communes des obligations de construction qu'il sait impossible à réaliser. Avec 90 % de la surface de la commune bâtie, nous n'avons quasiment plus de foncier disponible. Certes, nous y sommes arrivés cette année, mais au forceps et en profitant de situations uniques qui ne se reproduiront pas. Je n'attends hélas plus aucune compréhension de la part du préfet de région Michel Cadot, ni de certains de ses services, persuadés que si les constructions ne se font pas c'est à cause de la mauvaise volonté des maires. Enfermés dans leurs bureaux, ils édictent des obligations irréalisables, et quand elles ne peuvent pas être mises en œuvre, ils en déduisent que c'est la faute des élus qui ne jouent pas le jeu. Pour eux, la loi peut tout. Nulle place à la confiance.

Mardi 28 janvier

Le soir, j'apprends que le vieux monsieur chinois a finalement été testé et est bien positif. Je ne sais pas comment évolue son état.

Réunion de crise à Pompidou avec Martin Hirsch, le directeur général de l'AP-HP. Il me prend à part dans le couloir et me dit qu'on a fait du bon boulot. Sans notre réflexe de samedi, et sans notre décision d'enfreindre les instructions, le patient n'aurait pas été isolé et, à cette heure, nous aurions peut-être un cluster en plein XVe arrondissement et en plein hôpital Pompidou. Je transmets ses félicitations à Othmen.

Je pense à tous ces gens, chez eux, qui ne se doutent de rien.

Il est 23 heures. Tous se partagent la tâche : nous devons à présent retrouver tous ceux qui sont susceptibles de s'être approchés du patient, et évaluer le risque, sujet contact par sujet contact. Les cadres infirmiers pointent un à un tous les agents qui étaient là samedi en fin d'après-midi, dans la nuit de samedi à dimanche et dimanche matin. Je fais de même avec les médecins et les étudiants en médecine.

À chacun, on demande s'il a été au contact du malade ou de sa fille. Quand la réponse est positive, nous faisons préciser. Aviez-vous un masque ? Le patient en avait-il ? Combien de temps êtes-vous resté avec lui ? À quelle distance vous êtes-vous trouvé ? A-t-il toussé en votre présence ? L'avez-vous touché ? Où ? Comment ? Pour quoi faire ? Vous êtes-vous lavé les mains après ? Nous croisons les informations pour éviter les erreurs ou les oublis. Nous y travaillons toute la nuit. Autant il est facile de retrouver les trois médecins qui l'ont examiné, autant j'ai des doutes sur les externes, qui sont des étudiants en médecine. Une difficulté supplémentaire réside dans le fait que je n'ai pas leurs numéros de téléphone car ils ne sont pas du service. Ils ne font que passer une nuit de garde et retournent dans leur service d'affectation. Je ne les connais pas. C'est par Facebook et Instagram que nous les retrouvons, à partir des noms qui figurent sur la liste de garde affichée dans le bureau médical des urgences, et de leurs photos de profil. Deux heures plus tard, les cinq externes potentiellement impliqués comme sujets contacts m'ont rappelé. À part un qui a fait un électrocardiogramme au patient infecté, les autres ne sont restés que quelques secondes au contact, et tous portaient un masque. Le personnel comprend la situation et nulle colère, crainte ou incompréhension n'est exprimée. Vers 2 heures du matin, alors que je suis toujours sur place, je reçois un appel extérieur. Le standard me passe une dame qui me dit être la mère d'une de ces externes. Elle est paniquée.

Par chance, sa fille est celle des cinq qui court le moins de risque. Elle n'a fait qu'entrer et sortir de la chambre, et n'y est restée que moins de dix secondes, le temps d'augmenter d'un litre le débit d'oxygène. La mère raccroche un peu rassurée. Je lui ai dit de ne pas hésiter à rappeler si elle a d'autres questions.

Mercredi 29 janvier

L'enquête quasi policière se poursuit pour identifier qui a croisé notre patient chinois. Il faut remonter vingt-quatre heures avant le premier signe. Nous examinons les vidéos des caméras de la salle d'attente. On le voit attendre avec sa fille et son interprète. Ce dernier serait reparti en Chine. Égoïstement, je me dis que ça nous fait un problème de moins à régler.

Les images montrent qu'il est resté en salle d'attente moins de dix minutes. Il a été en contact avec l'agent d'accueil, et de manière très fugace avec un SDF qui, sur les images, se lève de son siège et s'approche de lui et de sa fille. Manifestement, quelques paroles ont été échangées durant un temps qui ne semble pas avoir duré plus d'une dizaine de secondes. Par miracle, on ne voit personne d'autre dans la salle d'attente au moment où le patient y était.

Le SDF est connu. Il vient tous les soirs. On décide qu'il sera isolé quarante-huit heures en UHCD dès son arrivée ce soir. Et puis on l'enverra se faire tester.

Jeudi 30 janvier

Sur le plateau, BFM m'interroge. Selon leurs sources, le patient chinois aurait été renvoyé chez lui. Qui peut avoir intérêt à colporter de telles bêtises ? Je suis fâché d'avoir à nous justifier alors que nous avons évité une catastrophe. Je trouve la formule pour ne mettre personne en cause : nous n'avons pas renvoyé le patient chez lui, mais nous l'avons soigné et isolé « malgré les recommandations officielles qui ne le préconisaient pas ».

L'Organisation mondiale de la santé (OMS) qualifie l'épidémie due au coronavirus d'« urgence de santé publique de portée internationale ». Je demande dans mon service si quelqu'un sait ce que ça signifie. Personne. J'écoute les journaux télévisés : seuls Édouard Philippe et Emmanuel Macron occupent les titres. Édouard Philippe est aux prises avec la réforme des retraites. Et Emmanuel Macron s'est manifestement fait avoir à Angoulême en posant avec le dessinateur Jul et un tee-shirt avec l'inscription « LBD 2020 » en référence aux violences policières. Pas très élégant de la part du dessinateur. Quant à cette « urgence de santé publique », elle ne semble pas trop préoccuper les autorités sanitaires françaises. Silence radio de leur côté.

Le comité de sécurité sanitaire de l'Union européenne se réunit à Bruxelles. Sur les 27 États membres, seuls 4 font savoir qu'ils pourraient être en rupture de stock de masques ou autres équipements de protection en cas d'extension du coronavirus. Le procès-verbal de la Commission ne précise pas quels sont ces pays. Y a-t-il la France ? De toute façon, tous déclarent qu'ils n'ont pas besoin d'aide.

Vendredi 31 janvier

Dans ma voiture, en écoutant à la radio la voix du directeur général de l'OMS Tedros Adhanom déclarer l'urgence de santé publique de portée internationale, son visage me revient. Et le souvenir de ce café que nous avions pris en face du ministère de la Santé il y a deux ans. Il attendait qu'Agnès Buzyn veuille bien le recevoir, et semblait trouver naturel qu'une ministre française fasse patienter le patron de l'OMS dans une brasserie. Je me souviens d'un homme souriant, très sympathique mais timide. Je lui avais été présenté par Pauline Delpech, la fille de Michel. Pauline est une efficace lobbyiste de la lutte antitabac. Nous avions parlé de lutte contre la contrebande de tabac, l'un de mes axes de travail au Parlement européen où je siégeais alors.

Dans le service, tout le monde continue à ignorer ce que signifie une « urgence de santé publique de portée internationale ». Alors que je rentre chez moi, un député de la majorité dit à la radio que « ça n'est pas contraignant ». Avec l'air de dire : « Circulez, il n'y a rien à voir. Nous ne sommes pas concernés. » Avec ça, on est bien avancés.

19 heures, palais d'Iéna, salle du Conseil économique, social et environnemental. Je suis fier d'assister à la remise de diplôme de fin de cursus de l'École supérieure de

commerce extérieur à ma deuxième fille, Marie. Elle a eu la chance de faire ce que nous ne faisions pas de mon temps : sept mois à Augsbourg et sept mois à Milan, rendus possibles par la libre circulation du marché unique. Ceux qui prétendent détricoter l'Union ont-ils compris qu'ils détricoteraient aussi tout cela ? Les étudiants sont habillés en toge et toque. Je craignais le côté pastiche américain, mais cela n'est pas désagréable et instille un brin de solennité dans un moment important. En quittant la cérémonie, je prends conscience qu'aucune de mes trois filles n'aura fait médecine. Une bouffée d'anxiété me saisit : qui me soignera ?

FÉVRIER

Samedi 1er février

Nous avons engagé beaucoup de moyens et d'énergie pour retrouver tous ceux qui ont croisé le patient de samedi dernier. En une semaine, nous y sommes arrivés. Une vingtaine de personnes ont finalement été testées : il n'y aura pas d'épidémie qui partirait de Pompidou. Ouf. Mais comment ferons-nous quand nous aurons dix foyers comme celui-ci à traiter ?

Tractage sur le marché en vue des municipales. Mes opposants sont convaincus de leur victoire, me dit l'un d'eux en souriant d'un air désolé. Je lui réponds que je l'envie. Car je n'ai jamais goûté un tel sentiment de victoire certaine, sans doute délicieux, depuis que je fais de la politique. Je crois qu'il ne saisit pas le sens de ma réponse. C'est la vérité : j'ai toujours été inquiet et pessimiste avant un examen ou une élection. C'est ma nature. Pour me rassurer, je me dis que c'est un avantage que d'être sous-estimé par ses adversaires.

Ce soir, c'est mon anniversaire. Clotilde, Marie, Armance, Côme, ma mère et ma sœur Isabelle sont là. Ma mère, 80 ans, est médecin à la retraite. Elle vit non loin de chez moi dans la maison qui fut son cabinet médical. Elle y est seule, très aidée par ma sœur Isabelle depuis que mon père, lui aussi médecin, s'est rendu il y a deux ans au bout du dur chemin où l'a trimbalé une maladie à corps de Lewy. Ce soir, elle a fait son délicieux et roboratif gâteau au chocolat. Pour mes 56 ans, je reçois un magnifique portrait de Madame Polka et Monsieur Jude en habits de cérémonie. Le chat domine de son mépris et de ses moustaches la chienne aux yeux coupables, ceux de quelqu'un qui a toujours une grosse bêtise à se faire pardonner – les propriétaires de golden retrievers me comprendront.

Dimanche 2 février

Je ne sais pas pourquoi ça s'agite seulement maintenant.

Sur les réseaux sociaux, c'est la fièvre.

Huit appels de télévision et radios.

Sur BFM, les images de « l'épidémie à Paris » tournent en boucle. La chaîne veut m'interroger le plus vite possible, or je ne serai pas à l'hôpital avant cette après-midi. Ils envoient une équipe à la maison et nous tournons dans le salon. Polka est surexcitée. J'essaye de prendre un ton rassurant : « Par définition, il s'agit d'un virus émergent. Il faut suivre chaque jour l'évolution des choses. La situation de demain ne sera peut-être pas celle d'aujourd'hui. Il faut être vigilant sans être inquiet. »

Je sors mécontent de l'interview, j'ai l'impression de n'avoir dit que des banalités.

À l'hôpital, je reçois la visite de LCI. Nous nous donnons rendez-vous devant l'entrée. On me pose la question classique : avez-vous les moyens ? Je dois rassurer. Mais en prenant garde à ne jamais mentir. Car si les choses tournent mal, il faudra qu'on continue à me faire confiance, et cette confiance ne sera pas possible si j'ai menti. Je travaille ma formule : « Aujourd'hui, à l'heure où nous parlons, nous avons les moyens. »

Je me souviens qu'Agnès Buzyn, croisée récemment sur un plateau, m'avait dit : « Oui, oui, ça ira. Nous sommes prêts. » Et d'un membre de l'administration de mon hôpital qui, devant les agents réunis, a déclaré que nous avions « tous les masques nécessaires ».

Je me souviens aussi de Paul Reynaud, quelques mois avant la débâcle de mai-juin 1940 : « Nous vaincrons parce que nous sommes les plus forts. »

Lundi 3 février

Je lui apporte un café au lait, un « latté » dit-elle, et un croissant. Comme moi, elle préfère les pains au chocolat, mais il n'y en avait plus à la cafétéria. Nadia, mon assistante à l'hôpital, est assise à son bureau, qui jouxte le mien. Elle me demande pourquoi j'ai utilisé le mot « épidémie » hier sur LCI. Je ne m'en souviens pas.

— Ah bon, j'ai dit épidémie ?

— Oui, vous avez dit épidémie. Ce n'est pas très rassurant, vous savez.

— Je ne sais pas pourquoi j'ai dit « épidémie ». C'est évident, vous ne trouvez pas ? Regardez en Chine. Une épidémie en Chine, c'est une épidémie chez nous.

Une patiente d'origine chinoise arrive aux urgences. Elle travaille dans un restaurant, et explique à l'accueil qu'elle a servi un compatriote qui revenait de Chine et qui toussait. Elle est immédiatement isolée dans un box. Le médecin et l'infirmier s'habillent dans les règles, gants, masque, bonnet, surblouse, et entrent pour l'examiner. L'interne lui demande le numéro de téléphone du restaurant : il faut prévenir le patron et l'Agence régionale de santé. Effrayée par ce branle-bas de combat, elle avoue avoir menti pour être prise plus vite. Elle travaille bien dans un restaurant chinois, mais personne n'est arrivé de Chine en toussant. Et elle n'a rien. Elle voulait seulement un « petit arrêt de travail ».

Mardi 4 février

Déjeuner avec les directeurs d'école de La Garenne-Colombes. La commune a investi pour équiper au moins une classe mobile numérique par école. Les directeurs demandaient depuis longtemps des moyens numériques pour « moderniser » leurs enseignements. C'est fait, et ça nous a coûté très cher. Nos quatre écoles maternelles et nos cinq élémentaires sont équipées. Maintenant, la balle est dans le camp des enseignants : il faut qu'ils utilisent le matériel. Je garde en mémoire la mauvaise expérience des tableaux numériques interactifs si demandés, et qui n'avaient jamais été utilisés, ou si peu, dans les écoles où ils avaient été livrés. Je préviens les directeurs que nous devrons avoir une discussion sur l'utilisation réelle des tablettes comme sur leur efficacité, avant de nous lancer dans une seconde phase d'achat.

Mercredi 5 février

Depuis cinq ans, je demande à pouvoir faire certains dosages sanguins directement dans le service des urgences, plutôt que d'avoir à envoyer des tubes au laboratoire. Cela permettrait d'accélérer la prise en charge de quelques diagnostics graves tels que l'infarctus du myocarde. C'est fait partout dans le monde. Sauf chez nous. Il suffit qu'un groupe de pression s'oppose à une réforme pour qu'elle n'ait jamais lieu. En l'occurrence, certains biochimistes refusent. Craignent-ils de perdre une activité et donc l'argent et les postes qui vont avec ? Depuis cinq ans, on ne me dit jamais non : on me demande « juste d'évaluer » ma demande. Alors depuis cinq ans, j'évalue en envoyant rapport sur rapport. Ce ne sera jamais suffisant. Que de temps perdu, et sans doute de chances aussi pour les patients. C'est dans ces situations de blocage qu'on rêverait d'avoir un vrai chef à l'hôpital.

Vendredi 7 février

Les Britanniques avertissent les autorités françaises d'un possible cas de coronavirus en France. Un de leurs ressortissants venant de Singapour est malade. Il aurait passé quelques jours dans un chalet dans les Alpes.

Samedi 8 février

Samedi de campagne électorale. Tractage sur le marché. J'offre une tournée générale de cafés aux tracteurs de toutes les listes en présence.

L'après-midi, porte-à-porte place du 11-Novembre. Poignées de mains à tous les étages. Alors que je frappe à une nouvelle porte, je tombe sur Jean Marat, un ancien conseiller municipal. Il est aujourd'hui âgé et vit toujours chez lui grâce à l'aide de sa fille qui loge sur le même palier. Plutôt que de continuer à construire des Ehpad où, pour un prix exorbitant, on vous parque dans de petites chambres sans personnel en nombre, pourquoi ne pas faciliter la cohabitation des enfants et des parents au sein des mêmes immeubles de logements sociaux ? Il faudra proposer une loi calquée sur le mécanisme du droit au logement opposable (Dalo) par laquelle les enfants des locataires âgés déjà logés sur place seraient prioritaires.

Demain, nous tracterons sur l'autre marché, aux Vallées.

Lundi 10 février

Pas de nouveau cas de Covid-19 à l'hôpital.

Mardi 11 février

Pas de nouveau cas de Covid-19 à l'hôpital.

L'OMS donne à cette maladie le nom de Covid-19.

Mercredi 12 février

Pas de nouveau cas de Covid-19 à l'hôpital.

Jeudi 13 février

Pas de nouveau cas de Covid-19 à l'hôpital.

À la mairie, je reçois la visite de Stéphane Haddadj, qui est le propriétaire de National Motos, une des plus grosses concessions Honda de France, créée par son père il y a plusieurs décennies. Il veut s'inclure dans le futur plan d'aménagement du quartier et a des projets d'extension. Je suis admiratif de ce que son père et lui ont bâti. Je l'aiderai autant que je le pourrai.

Vendredi 14 février

L'enquête épidémiologique a avancé rapidement pour l'affaire des Alpes. Le Britannique aurait séjourné du 25 au 28 janvier dans un chalet avec douze compatriotes adultes et trois enfants, dont certains résident en France. L'histoire se complique quand on apprend que cinq autres Britanniques sont arrivés dans le même appartement, après qu'il l'avait quitté. Et qu'un des enfants scolarisés en France a été en contact avec trois écoles et une classe de ski alors qu'il présentait des signes. On estime pour conclure que ce seul patient britannique infecté à Singapour aurait été en contact avec 172 personnes. À lui seul, il mobilise une armée d'épidémiologistes, conduit à la fermeture de trois écoles et à la mobilisation de plusieurs hôpitaux.

Marine Le Pen se fait violemment écharper sur les plateaux car elle demande la fermeture des frontières. Je prends sa défense. On ne peut pas exclure qu'on doive en arriver là. En attendant, je ne crois pas au filtrage par la prise de température des entrants à la douane. Avec un comprimé de Doliprane, on fait chuter sa fièvre et on passe la frontière…

Dimanche 16 février

Agnès Buzyn, après avoir assuré vendredi qu'elle resterait, annonce qu'elle quitte le ministère de la Santé pour se lancer dans l'élection municipale parisienne après la défection de Benjamin Griveaux. Je ne sais qu'en penser. Faut-il se dire que la situation est tellement sous contrôle qu'elle est confiante en son navire, ou bien qu'elle l'abandonne juste avant la tempête qui s'annonce ?

Lundi 17 février

À Pompidou, on nous a mis à disposition un cocon de sieste pour permettre aux équipes de s'allonger quelques minutes durant la journée. J'ai essayé. C'est génial. Le problème est que les infirmières et médecins n'osent pas s'y rendre : ils ont l'impression d'abandonner leurs collègues au flux incessant des patients. Moi qui ai travaillé dans des services traditionnels, en réanimation ou au bloc opératoire, je sais qu'il n'y a pas plus continuellement intense qu'une journée aux urgences. Il faut donner du temps aux soignants.

Déjeuner avec Michèle Cotta. Quel regard fin sur la comédie humaine médiatique et politique parisienne. Nous parlons du fameux débat Giscard-Mitterrand de 1981. Lors de ce débat, comme tout adolescent inconditionnel d'un candidat, j'avais trouvé le mien excellent. Ce qui ne fut pas l'avis de la majorité des Français. J'étais devenu giscardien par rencontre, au contact d'un de mes professeurs, Dominique Ambiel, qui avait été le patron des jeunes giscardiens. J'avais 17 ans. À la vérité, il s'en était fallu de peu que je ne devienne mitterrandien, car j'avais été emballé par la lecture de *L'abeille et l'architecte* et par un épisode d'*Apostrophes* où Mitterrand avait été éclatant d'intelligence et de culture. Mais j'étais allé écouter Giscard. C'était mon premier meeting, au Bourget, et il m'avait séduit. J'avais donc fait sa campagne. J'étais en terminale et, peu après la victoire de Mitterrand, j'étais allé passer l'épreuve de grec du bac dans un lycée du sud de Paris. J'avais découvert, stupéfié, que toute la France n'était pas giscardienne : il y avait des posters de Mitterrand dans la classe où je passais mon épreuve !

Mardi 18 février

Visite de l'exposition Léonard de Vinci au musée du Louvre. J'y rencontre par hasard Pierre Soubelet, notre préfet des Hauts-de-Seine, et lui fais part d'une préoccupation : dans une commune du département, un candidat soutenu par des Frères musulmans pourrait être élu maire. Il me dit qu'il va regarder cela.

Pendant la visite, je tombe sur cette phrase de Léonard : « Il vaut bien mieux étudier les choses qui peuvent être connues par l'expérience, parce que seule l'expérience ne trahit personne. » En cette période troublée, il faudrait s'en tenir à l'expérience de ceux qui nous précèdent de quelques semaines dans l'épidémie. Nous avons sous les yeux l'exemple de la Chine, et maintenant celui de l'Italie. Le virus nous offre le cadeau de quelques semaines de préparation. Combien ? Je l'ignore. Mais j'imagine que les autorités sanitaires du pays, notre gouvernement même, mettent à profit ce délai pour renforcer nos défenses et ont envoyé des équipes afin d'observer et apprendre. S'en tenir aux faits publiés, et ne pas disserter. Ce qui arrive ailleurs nous arrivera probablement.

Notre nouveau ministre de la Santé s'appelle Olivier Véran. Il est médecin, neurologue je crois. Sur France Inter ce matin, je l'ai trouvé bien hardi : « Je n'ai pas besoin de vérifier que la France est prête, car nous avons un système de santé extrêmement solide. » Et surtout, il a déclaré qu'« aujourd'hui, la France freine par tous les moyens l'entrée du virus sur le territoire ». Pourquoi dit-il cela ? Aucune frontière n'est fermée à ma connaissance. Il le faudrait, mais ce n'est pas fait.

Vers 23 heures, rendez-vous aux urgences avec Serge Morel, le directeur du Groupe hospitalier. Il visite le service. C'est un homme fin et intelligent qui connaît le terrain. Combien de directeurs passent-ils plusieurs heures d'affilée dans les services de leur hôpital ? Fort peu, car ils sont happés par la bureaucratie. C'est le drame des grosses structures, trop vastes pour être gouvernées avec le souci du détail. Bien gérer, c'est avoir à la fois une vision d'ensemble et le souci du détail. Quelle différence avec ce que me rapportait récemment Marie-Caroline Mérand, une ancienne collaboratrice devenue directrice d'une clinique. Sa clinique étant à taille humaine, elle me disait passer tous les jours dans les services et même parfois plusieurs heures au bloc. C'est la seule façon de bien faire son métier de directeur. Je ne peux m'empêcher de faire le parallèle avec la fonction de maire. Au-delà d'une certaine taille, les maires ne peuvent plus connaître correctement leur ville, alors abandonnée à leur administration, pour le meilleur ou pour le pire. C'est pourquoi je me méfie des intercommunalités qui constituent de trop gros machins, et éloignent les élus du terrain. Aux urgences, j'ai demandé à Serge Morel de passer soutenir les troupes, qui ont eu un hiver fatigant. Il s'attarde plus de deux heures sur place et discute avec tout le monde. Il apprend entre autres que les médecins de garde n'ont rien à manger le soir. Il promet de s'en occuper.

Mercredi 19 février

Plus aucun cas suspect depuis le 7 février.

Hier, à l'Assemblée nationale, le ministre de la Santé nous a rassurés : « La maison est tenue. »

Jeudi 20 février

Premier cas suspect de Covid.

La campagne électorale se poursuit. Réunion d'appartement. J'aime ces moments où les gens vous interrogent sans filtre. Sur tous les domaines. Une sorte de grand oral motivant. Beaucoup de bienveillance de la part de tous, certes sans doute sélectionnés par mon hôte. Mais c'est sans importance. On ressort de là revigoré. Il est minuit passé quand j'arrive à la maison, Jude Law est affamé. Je lui donne des croquettes. Élu local, c'est une drogue.

Vendredi 21 février

Ce matin, je dépose mon dossier de candidature à la préfecture de Nanterre avec Isabelle Gaspar, ma fidèle directrice de cabinet. La moitié de ma liste est composée de nouveaux prétendants. À tous, j'ai demandé disponibilité et loyauté. Peu importe leur couleur politique.

Samedi 22 février

Ouverture du Salon de l'agriculture. Le demi-million de visiteurs intéresse mon service. Comme nous sommes les urgences les plus proches, cette manifestation nous apporte chaque année son lot de patients. Beaucoup d'alcoolisations aiguës, de traumatologie, un peu de cardiologie. J'aimerais renforcer l'équipe médicale pendant le Salon mais je n'ai pas de médecins en réserve : on fera avec les effectifs habituels. L'année dernière, nous avions reçu des dizaines de visiteurs ayant fait la même chute. Tous décrivaient être tombés au même endroit, sur le même câble, placé sur la même marche. Cette année, j'espère que les électriciens du Salon savent poser les câbles.

Plusieurs villes de Lombardie sont placées en quarantaine. Enfin. Et nous ? Serions-nous prêts à confiner des villes entières ?

Tractage sur le marché, puis porte-à-porte toute l'après-midi. Sur près de 200 portes toquées, un seul mauvais coucheur qui me la claque au nez dès qu'il me reconnaît. Il y a plusieurs années, je lui avais arrangé un imbroglio avec le préfet pour le permis de séjour de sa mère très malade. Il ne s'en souvient sans doute pas. Moi si.

Dimanche 23 février

La définition de cas s'élargit aux patients qui viennent de Lombardie, Vénétie et Corée du Sud. On doit aussi désormais faire un prélèvement devant tout syndrome de détresse respiratoire aiguë (SDRA) d'étiologie inconnue. Le SDRA est une affection pulmonaire due à une altération du poumon profond et particulièrement de la membrane alvéolo-capillaire. Cette membrane est une fine cloison qui sépare l'alvéole pulmonaire du vaisseau sanguin. Dans l'alvéole pulmonaire se trouve l'air, donc son oxygène. Dans le vaisseau sanguin circulent les globules rouges qui contiennent l'hémoglobine. En temps normal, l'oxygène passe de l'alvéole au globule rouge, et se fixe à l'hémoglobine qui a pour fonction de le transporter vers les différents tissus de l'organisme. C'est ainsi que le corps est oxygéné. Dans le SDRA, la membrane est altérée et empêche l'oxygène des poumons de diffuser dans le sang. À quoi est dû le SDRA ? À une agression, le plus souvent infectieuse : des bactéries ou des virus comme ceux de la varicelle, de la grippe ou comme le coronavirus.

Tractage sur le marché, puis porte-à-porte de 13 à 18 heures. Record battu : 210 portes. Dommage que la campagne s'achève, je deviens de plus en plus performant. Le moteur d'une campagne, c'est le bon accueil des gens. Un sourire et on est transformé. Un mauvais regard ou une mauvaise parole et tout semble s'écrouler. Pour ne pas fléchir dans une campagne, il faut suivre le conseil de Chirac : « L'important, c'est de manger, dormir et pisser dès que vous pouvez, n'importe où et à n'importe quelle heure, c'est toujours ça de pris. »

Lundi 24 février

Je suis frappé que certains de mes collègues, sur les plateaux de télévision, comparent le Covid-19 à une grosse grippe. C'est faux, la contagiosité et la mortalité sont sans commune mesure, même si les taux de létalité sont difficiles à comparer puisque relativement peu de gens sont testés. Mais comment interpréter cet empressement à relativiser ? Il y a bien sûr la volonté de se rassurer en comparant une maladie nouvelle, par définition inquiétante, avec une affection connue et identifiée. Mais il y a également cette tendance de notre temps à tout relativiser. Ce qu'on pourrait appeler l'esthétique de la moue ou du haussement d'épaule. Nous sommes blasés. Sans compter ce sentiment très français que nous sommes meilleurs que les autres : ce n'est pas parce que ces sous-développés de Chinois ou ces amateurs d'Italiens sont dans le souci que nous y serons aussi…

Il y a un mois, alors que la situation sanitaire était contrôlée, je recevais des félicitations à chacune de mes prestations médiatiques. On me remerciait de rassurer les gens. Depuis, les choses ont changé et la situation est devenue préoccupante. Mais les gens veulent toujours qu'on leur dise que tout va bien. Et quand j'annonce maintenant les chiffres de létalité, même avec une infinie prudence, beaucoup sous-entendent que j'exagère. Je le constate à chaque émission, aux sourires en coin et aux sous-entendus. Devant tant de scepticisme, j'avoue que je suis ébranlé. Je sais que beaucoup de ces commentateurs n'ont jamais lu un article scientifique de leur vie, mais leur assurance tranquille me fait douter.

Et si je me trompais ? Si je m'inquiétais pour rien ? Si j'inquiétais inutilement les Français ?

Pour garder la tête froide et ne pas être pris en défaut, je m'astreins chaque jour à lire la presse médicale internationale et à noter dans un carnet les résultats de tout ce qui est publié sur le sujet. Et pour échapper aux critiques, je refuse de donner mon sentiment sur la situation sanitaire. Je me contente désormais de citer, de la façon la plus détachée possible, les résultats de mes lectures scientifiques. Je me réfugie derrière ces publications, qui sont publiques mais qu'aucun journaliste ne lit. Peu à peu, cet exercice de détachement me fait gagner en sérénité, et donc en crédibilité : les gens comprennent que je partage des faits et pas un sentiment ou une croyance. Le nombre de messages qui m'arrivent sur les différents réseaux sociaux s'envole. Manifestement, si le petit monde médiatique continue à douter, le public, lui, m'écoute. Avant chaque interview, je m'imprègne de mes notes accumulées depuis plus d'un mois. Et chaque jour, j'y vois s'y dessiner de plus en plus clairement une épidémie mondiale d'une ampleur exceptionnelle. Je ne suis que le rapporteur de ces faits bruts.

À 14 heures, je donne deux cours au Val-de-Grâce, à des internes civils et militaires. Le premier porte sur les responsabilités médico-légales en médecine d'urgence. Beaucoup de médecins craignent de voir leur responsabilité engagée à l'occasion de leur exercice. À tel point que certains en viennent à développer des pratiques dans le seul but de se dédouaner préventivement, par exemple multiplier les examens ou hospitaliser inutilement. J'essaye de leur expliquer le cheminement que la justice emprunte dans les affaires de responsabilité médicale pour que, l'ayant compris, ils en reviennent à un exercice médical dédramatisé et plus serein. Le second cours porte sur les notions de médecine légale à connaître quand on est urgentiste. Comme chaque fois, certains étudiants évitent de regarder les photos qui illustrent le propos sur les morts violentes.

À Pompidou, nous n'avons toujours pas le matériel pour faire les prélèvements aux urgences ni l'examen virologique au laboratoire… Quand arrive un patient suspect sans signe de gravité, il faut le mettre dans un taxi et l'envoyer à la Pitié, Cochin ou Bichat afin de le tester. Je demande qu'on donne au moins un masque au patient durant le transport. Et le chauffeur de taxi, est-il au courant de la nature de la course ? Je vois le jour où les taxis, informés, refuseront de transporter. Je formule le souhait que nous puissions prélever nous-mêmes nos patients pour éviter de les trimbaler d'un hôpital à un autre. La réponse est sibylline : « À moyen terme certainement cela sera possible. »

Mardi 25 février

Il se passe quelque chose d'inhabituel.

Je lis le « Point de situation des épidémies » de ce matin : le pic de grippe est derrière nous. Elle n'aura pas été terrible cette année. Mais c'est le paragraphe sur les appels au Samu qui me chiffonne. Leur nombre a augmenté, mais je ne comprends pas de combien. Il y a trois chiffres entre le tableau et son commentaire : + 10 %, + 52 % et + 190 % selon ce qu'on compare… Et curieusement, pas de message d'alerte particulier.

Plus tard dans la soirée, je reçois un message de Françoise Courtois qui me renforce dans le sentiment que les choses s'aggravent. Françoise est un médecin retraité qui nous aide avec son association les Transmetteurs. Aux urgences, ils sont précieux. Ils font l'interface entre les familles, les malades et les équipes quand celles-ci sont débordées. Leur activité est suspendue à cause du coronavirus. À la fois parce qu'ils sont à risque du fait de leur âge, et parce que Pierre Carli, le patron du Samu de Paris, a besoin de renfort à la régulation.

Je file au théâtre de La Garenne où nous recevons les Goguettes. Je les avais vues en Avignon il y a deux ans. Leur spectacle est drôle et intelligent. Et puisqu'il varie avec l'actualité, nous les reprogrammerons l'année prochaine. Comme je le fais chaque fois, je dîne avec la troupe après le spectacle. C'est pour moi une façon de leur dire combien je les aime.

Mercredi 26 février

Hier, un Italien vivant en Belgique s'est présenté aux urgences car son médecin traitant parisien ne parvenait pas à joindre le Samu. C'est la première fois qu'on me rapporte que le Samu est injoignable. Il revient de Venise, tousse, a 40 °C et est inquiet. Le 23, il a consulté pour les mêmes symptômes à Cochin, qui l'a renvoyé à Bichat où il a été prélevé le lendemain. Son test est finalement revenu positif pour la grippe et négatif pour le Covid, mais il est toujours inquiet car il vit avec un bébé. Nous contactons de nouveau l'infectiologue de Bichat qui élimine logiquement le cas. Quand pourrons-nous nous-mêmes tester les patients, et leur éviter ces va-et-vient inconfortables au cours desquels ils peuvent infecter tous ceux qu'ils croisent ?

Le soir, je réunis les représentants des parents d'élèves de ma ville. Je leur donne les informations dont je dispose. Une mère me demande si les écoles vont fermer. Je l'ignore. J'annonce qu'on a commandé du liquide hydroalcoolique en grande quantité et qu'on va en mettre partout.

J'ai l'impression que les gens partent rassurés.

Le suis-je ?

Je ne sais pas, tout va très vite.

Jeudi 27 février

Je suis inquiet. Le nombre de patients suspects de Covid-19 augmente doucement mais sûrement, et je vois le moment où ils vont se mélanger aux autres malades, aux urgences et dans l'hôpital. Sans parler des accompagnateurs qu'on met où l'on peut et qui eux-mêmes sont suspects par définition. Depuis quelques jours, je demande sans succès qu'on installe une tente à l'entrée des urgences pour les examiner sans qu'ils aient besoin d'entrer dans l'hôpital. Pour bousculer les choses, je décide de formaliser ma demande par écrit. Je profite de cette note pour alerter de nouveau sur la lourdeur de la procédure de tests. On continue à les faire dans un autre hôpital. Je répète qu'il faut informer les chauffeurs de taxi qui transportent les patients vers les centres de test. Sont-ils même identifiés pour qu'on puisse les retrouver en cas de positivité de leur passager ? Devant le spectacle de ce qui se passe en Italie, je m'étonne aussi qu'on continue à hospitaliser les patients suspects un peu partout dans l'hôpital. Je suggère qu'on cesse de les disperser dans les services et qu'on les regroupe dans une seule unité dédiée, composée de chambres simples. Je conclus ma note par une synthèse assez directe : « Mettre une tente et réserver une unité au A [une des zones d'hospitalisation de Pompidou]. Prenez la décision vous-mêmes sans attendre les conclusions d'un énième groupe de travail. Faites-le et on s'adaptera. Je vous soutiendrai. Et l'hôpital suivra. » On accuse réception sept minutes plus tard. Mais on me répond : « Nous poursuivons les explorations menées ce jour. »

Najiby Kassis, notre médecin hygiéniste, chargée de coordonner la lutte contre l'épidémie, se démène. Ça fait du bien.

À *C dans l'air*, je prends le risque d'annoncer qu'« il est assez raisonnable de penser que dans quelques jours, nous pouvons avoir plusieurs dizaines, peut-être plus, de patients. Les cinq ou six jours qui vont venir seront assez révélateurs de la situation réelle ». En moi-même, avec un taux de reproduction de 3 (un malade contamine trois personnes en moyenne) et un doublement tous les quatre ou cinq jours, je pense que nous pouvons compter plusieurs centaines de patients d'ici une dizaine de jours.

Vendredi 28 février

En arrivant à l'hôpital, je prends connaissance d'un message de la Direction générale de la santé hier à 20 h 56. « Il n'y a pas de chaîne de transmission active en France. » Je ne comprends plus rien.

La note de la DGS est un régal de machin administratif, rigoureux mais peu agile. « Il est rappelé à tout professionnel de santé prenant en charge un patient suspect de Covid-19 de prendre contact avec le Samu-Centre 15 pour analyse, classement en lien avec l'infectiologue référent et mise en place des premières mesures de prise en charge. En cas de difficulté de classement, le Samu-Centre 15 pourra se rapprocher de l'ARS qui mobilisera en tant que de besoin l'expertise de Santé publique France. » La chaîne est donc : Le Samu-Centre 15, puis l'infectiologue ou l'ARS, puis Santé publique France. Intenable en cas de surplus d'appels. Déjà, des médecins de La Garenne n'arrivent plus à contacter le Samu durant leurs consultations.

Rendez-vous avec Bruno Le Maire à son bureau de Bercy. La vue sur Paris et la Seine est magnifique. Il m'interroge sur l'épidémie. Il se demande pourquoi les choses paraissent si graves en Italie et si peu alarmantes en France. Je réponds que je ne sais pas, mais qu'une hypothèse est que les choses soient déjà très graves en France et qu'on ne le sache pas parce qu'on ne teste pas assez. Je lui dis qu'on pourra vérifier mon hypothèse dans trois semaines quand certains malades développeront des formes graves. Il est préoccupé. Il me dit son attachement au Premier ministre, mais il n'exclut rien, pas même que le Président veuille changer le Premier ministre. Je lui raconte notre quotidien. Nous ne testons pas suffisamment. Nous avançons comme des somnambules. Il m'écoute :

— Mais alors, ton truc des formes graves dans trois semaines… Il faudrait faire quoi, confiner ?

Il a tout compris. Darmanin, Lecornu, lui : les meilleurs de ce gouvernement viennent du parti des Républicains. Nous avons des talents, c'est notre force. Nous n'avons pas su les garder, c'est notre faiblesse.

Message de la direction : la tente que je demande depuis plusieurs jours ne sera pas installée, car l'hôpital Necker pourrait en avoir besoin. Je réponds que c'est une raison de plus pour l'installer : une fois en place, Necker ne pourra plus nous la prendre ! En attendant, sans tente, et malgré nos efforts, les patients suspects de Covid-19 continuent à se mêler aux autres dans nos urgences… Avec mon adjointe Isabelle Vassor, nous décidons de bouleverser l'architecture du service. Une partie du « circuit court » (habituellement réservé aux patients les moins graves) devient réservée aux patients suspects de coronavirus. Ça fait moins de places pour les autres malades, mais tant pis. On se serrera. Pour épargner les troupes, j'interdis aux externes et stagiaires de s'approcher des patients suspects. La directrice prend acte de ma décision. Je crois qu'elle est soulagée car elle doit faire face à des demandes contradictoires : accueillir les patients Covid et ne pas déprogrammer les autres activités. J'indique à mes médecins qu'on me prévienne si ça chauffe, quelle que soit l'heure. Je demande encore une fois qu'on informe les chauffeurs de taxi qui véhiculent les patients suspects de Covid vers les centres de test, afin qu'ils puissent se protéger. Concernant les tests que j'aimerais pouvoir réaliser sur place directement, Serge Morel me répond : « On pousse. »

Une lettre du ministre de la Santé nous apprend qu'un stock d'État de masques est en cours de constitution. Je pensais qu'il y en avait déjà un ! Les pharmacies vont recevoir des masques pour les libéraux. La lettre redit qu'il n'y a pas de « circulation virale active sur le territoire national ». Et si je m'inquiétais pour rien ? Alain Cariou, le réanimateur de Cochin, nous fait un compte rendu du comité exécutif du Groupe hospitalier. Il y aurait eu des vols de masques.

Les urgences de Tenon ferment à cause d'un début d'épidémie dans l'hôpital. Voilà ce à quoi nous avons échappé il y a un mois avec notre Chinois. Personne, à part Martin Hirsch, ne nous a remerciés pour cela.

Hier, on dénombrait dix-huit cas cumulés depuis le début de l'épidémie à l'Assistance publique. Ça tient, mais aujourd'hui, nous avons eu sept présentations spontanées de patients inquiets, uniquement à Pompidou. Qu'est-ce qui est prévu pour les sites gériatriques ?

Réunion d'appartement aux Vallées dans le cadre des municipales. Mes hôtes ont invité des voisins nouveaux Garennois. La soirée est agréable. La nouvelle population veut plus de services. Est-elle disposée à les payer ? On me parle un peu du coronavirus. Mais les gens ne savent pas vraiment ce qui se prépare. Ils sont tous tellement sereins que j'en arrive à penser que je suis trop pessimiste. Un couple a des billets d'avion pour l'Algérie. Ils me demandent ce que j'en pense. Je les dissuade de partir.

Samedi 29 février

Le gouvernement interdit les rassemblements de plus de 5 000 personnes et ferme le Salon de l'agriculture, une semaine après son ouverture. Deux clusters sont identifiés dans l'Oise et la Haute-Savoie. Le semi-marathon de demain est annulé. Paradoxalement, ces mesures me rassurent : j'ai bien fait de sonner l'alarme.

Aujourd'hui, une seule patiente suspecte, mais plusieurs appels de gens inquiets. Certains se présentent à la porte des urgences et exigent un certificat de non-contagion. On leur répond que ça n'existe pas. Compte tenu des formes asymptomatiques et de l'incubation, on ne peut jamais affirmer la non-contagion. Il faudrait faire une PCR à tous, et encore.

Ce soir au théâtre de La Garenne, c'est le concert d'Houlgate. Il y a plusieurs années, alors que je m'inquiétais de la sous-utilisation de la colonie de vacances que possède la commune à Houlgate, j'avais proposé au conservatoire de La Garenne d'y organiser un stage d'immersion durant les vacances de février. Ils auraient tout le domaine pour eux seuls. Le directeur de l'époque avait relevé le défi et ce stage, qui se termine par un concert des élèves, est devenu une tradition. J'en suis fier. En écoutant les musiciens, j'ai le douloureux sentiment de ces années qui sont passées. Je revois Clotilde, Marie et Armance monter dans le car avec leurs instruments. Une fois, il avait tellement neigé qu'on avait affrété une camionnette pour apporter aux enfants des vêtements chauds. J'aimerais être jeune comme ceux qui sont sur scène.

MARS

Dimanche 1er mars

Réunion d'appartement chez une de mes colistières, Nelly Dézarnaud. Elle me présente sa nièce, modèle pour Dior. Elle fait la couverture de *Elle*. Je me rappelle le film de Wes Anderson, *À bord du Darjeeling Limited*. Un des héros, amoureux d'une femme sublime, se demande : la vie est-elle exceptionnelle si on la partage avec une beauté exceptionnelle ? La réponse, dans mon souvenir, n'est pas concluante. Dans ce film, il y a aussi un très joli morceau musical de Peter Sarstedt : « Where do you go to (my lovely) ? » dont Clotilde m'avait déniché un exemplaire en 33 tours. Sarstedt, ça commence par SARS.

Lundi 2 mars

Le suivi quotidien des cas de Covid-19 à l'AP-HP montre un pic de tests PCR positifs le 26 février, puis une décroissance. Il se passe quelque chose. Mais ça semble redescendre.

Une note de la DGS annonce que chaque pharmacie va recevoir dix boîtes de cinquante masques de protection issues du stock national. Ces masques seront réservés aux professionnels de santé. Il s'agit de « limiter l'exposition des soignants aux gouttelettes potentiellement infectieuses du patient » en adoptant « le principe du double masque (soignant / soigné) ». Cette note est inquiétante : à raison de deux masques par consultant, les médecins, kinés et infirmiers de ville ont de quoi voir vingt-cinq patients. Soit un jour ou deux. Et seulement dix boîtes par pharmacie ? Et les autres ? La fin de la note me rassure un peu : « Selon les besoins, de nouveaux approvisionnements issus du stock État seront assurés afin de permettre aux professionnels de santé de disposer de ces équipements en quantités suffisantes. »

La note MARS (Message d'alerte rapide sanitaire) d'hier précise les modalités d'usage des gants face à un patient suspect de Covid-19. Ils sont réservés aux cas de contact avec les liquides biologiques. La belle affaire. Par oral, pour éviter les discussions sans fin avec les uns et les autres, je demande aux cadres du service de ne pas suivre ces instructions et recommande de faire mettre des gants dans tous les cas où on examine un patient suspect. La note est également ambiguë sur l'utilisation des masques FFP2 : il faudrait les réserver aux soignants qui prennent en charge des malades confirmés. Faut-il en déduire que les généralistes ou les urgentistes de première ligne, qui, par définition, voient les patients avant que le diagnostic soit confirmé par un test, n'auront pas de FFP2 ?

Là encore, nous décidons d'ignorer la note. Nous mettrons des FFP2 et des gants devant toute suspicion de Covid. Les cadres s'assurent de nos stocks.

Nouvelle réunion à l'hôpital pour étudier comment mettre en œuvre l'objectif « zéro brancard », c'est-à-dire zéro patient dormant la nuit sur un brancard. Cet objectif de Martin Hirsch est très louable. Mais, comme d'habitude, le problème est dans la mise en œuvre. La réunion s'éternise sans décision opérationnelle. Je fais le calcul : nous sommes douze autour de la table, et la réunion dure une heure et demie. En temps cumulé, cela fait dix-huit heures de temps de travail et donc d'argent public consacrées à une réunion qui ne donne rien. La culture de la non-décision coûte cher.

Il y a deux dangers : l'hyperrelativisme qui consiste à dire qu'il s'agit d'une grippette, et la panique. Ce n'est pas une grippette comme certains le disent et beaucoup le pensent. Mais il faut garder son sang-froid. Il est évident qu'on va vers une augmentation significative du nombre de cas, avec sans doute maintenant un doublement tous les trois ou quatre jours.

Je ne croyais pas si bien penser. Dans la soirée, je reçois le rapport d'activité de l'AP-HP. On assiste en fait à une explosion des appels pour Covid au Samu : vingt-deux fois plus nombreux que la semaine dernière. Cela explique les difficultés qu'on me dit rencontrer pour joindre le 15. Le Samu 75 signale une instabilité de son système informatique sans doute liée à l'inhabituelle sollicitation. Bichat est en tension sur les soins critiques. Premier cas pédiatrique en France à

Necker. Si, maintenant, même les enfants… On peut s'attendre à une certaine émotion dans l'opinion publique.

Un élément positif dans ce tableau noir. Ça va mieux à Tenon : les urgences rouvrent.

Mardi 3 mars

On confine en Italie. Bientôt la France ? Le confinement est efficace en termes de circulation virale, mais à quel coût ! Je pense qu'il faut confiner, et le dis publiquement. Mais peut-être faut-il tout faire pour le limiter aux quelques zones les plus touchées.

À la réunion d'hier, une question surréaliste a été posée : faut-il que le personnel des urgences porte un masque ? La réponse est dans la question et pourtant certains s'interrogent encore. Pour l'Université de Paris, on ne doit pas porter de masque quand on n'est pas malade. Je partageais cet avis il y a quelques jours. Mais plus maintenant. Je pense aux formes asymptomatiques contagieuses.

On ne peut plus tester tout le monde. On commence à parler de prioriser certains patients, en particulier, logiquement, ceux qui souffrent de comorbidités.

Le nombre de dossiers traités par les Samu d'Île-de-France continue d'exploser. Neuf fois plus important que la semaine dernière pour les appels en rapport avec le Covid.

Je crois que nous y sommes.

Pour libérer les urgences, je propose que tous les patients qui arrivent pour de la petite traumatologie soient déroutés vers le service d'orthopédie. Les orthopédistes sont d'accord.

Mercredi 4 mars

Santé publique France recommande aux généralistes d'adresser tous les cas suspects à l'hôpital. C'est une erreur : il faudrait les tester en ville et, s'ils n'ont pas de signes de gravité, les isoler chez eux ou, mieux, dans des espaces dédiés pour qu'ils n'infectent pas leur famille. Encore une fois, et contrairement à ce que disent et préconisent les discours officiels, on ne s'appuie pas assez sur les médecins de ville quand surgit une crise. En cas d'aggravation de la situation, l'hôpital sera vite submergé. Après l'excès d'insouciance, vient le temps des inquiétudes.

Dans mon bureau à la mairie, les entrepreneurs de Synergie Entreprise évoquent les besoins en espaces de coworking et attendent beaucoup de la commune, car les seuls lieux sur le marché sont assez chers. Ils prétendent que de nombreux salariés veulent travailler à distance mais n'y parviennent pas de chez eux. Et que de nombreux autoentrepreneurs ont besoin de place en dehors de leur domicile. Avec Isabelle Gaspar, nous décidons d'y travailler. Mais je les avertis qu'il faudra inventer un modèle économique viable pour la ville : la commune ne peut pas financer toutes les bonnes idées du monde.

La Société française d'hygiène hospitalière (SF2H) préconise de réserver les masques aux cas où il y a des gestes invasifs ou une intervention dans la sphère respiratoire. Dans le service, je continue à demander aux soignants de ne pas suivre ces recommandations et d'utiliser un FFP2 pour tout contact avec un cas suspect. La même société appelle à ce que la population générale, non malade, ne porte pas de masque, en particulier ceux qui partagent leur toit avec un malade ou un cas suspect. Ce serait pourtant bien utile avec tous ces patients qu'on renvoie chez eux en attendant leurs résultats. Dans ces conditions, il est évident que, sur la masse de patients renvoyés chez eux, quelques-uns infecteront leur femme, leur mari ou leur père.

Nous continuons à envoyer nos prélèvements nasaux pour analyse PCR dans un autre hôpital. Les laboratoires de Pompidou ne sont toujours pas équipés pour effectuer le test. Néanmoins, les choses progressent puisque nous faisons maintenant le prélèvement sur place. Avant, c'était le patient qu'on déplaçait pour se faire tester, désormais ce sont les écouvillons.

Victoire ! Après des années de bagarre, grâce à Serge Morel, j'obtiens que les médecins des urgences aient un plateau-repas le soir pendant la garde ! C'est pour bientôt.

Jeudi 5 mars

Je vois Nicolas Sarkozy. Comme moi, il est frappé par la différence de traitement de l'épidémie entre l'Italie et la France.

— Tu crois qu'on va confiner ? me demande-t-il.

Même question que Bruno Le Maire. Je lui réponds qu'il faudrait déjà fermer toutes les frontières mais, oui, on va probablement devoir confiner. Peut-être partiellement, s'il n'est déjà pas trop tard.

Quand nous nous quittons, il ne me serre pas la main. C'est la première fois.

À l'hôpital, nous décidons de réserver strictement le secteur court des urgences aux patients suspects de Covid-19, et d'y affecter du personnel dédié pour éviter au maximum les contagions entre patients infectés et patients venant pour autre chose. Comme nous n'avons que deux internes la nuit, je demande que le troisième interne de garde, celui dont le travail consiste à répondre aux appels des infirmières dans les étages, vienne renforcer les urgences. Car il faut continuer à accueillir les patients non suspects de Covid, qui restent très majoritaires.

Le gouvernement a décidé de réquisitionner les masques.

Vendredi 6 mars

J'envoie un SMS urgent à Patrick Strzoda, que j'avais connu comme préfet de Nanterre puis de Corse. Il est maintenant le directeur de cabinet du président de la République. C'est un préfet comme on les aime : sérieux, courtois, à l'écoute et redoutable d'efficacité. Je l'alerte sans prendre de gants, « avant que ça nous pète à la gueule », sur les effets désastreux de la décision du Président de réquisitionner les masques. Les hôpitaux ne sont plus livrés car les distributeurs, soucieux de respecter le décret de réquisition, gardent désormais les stocks chez eux. Pour livrer, ils attendent de l'administration un feu vert qui ne vient pas. La réquisition, qui se voulait protectrice, a bloqué le système. Le remède pire que le mal. Quel amateurisme. Qui conseille le Président ? En tout cas, ceux qui prétendent le faire n'ont vraiment aucune idée de l'économie réelle. Ils croient qu'on peut diriger un pays en distribuant des ordres par estafettes comme Napoléon sur le champ de bataille. Patrick Strzoda me répond dans la minute : « Bien pris. »

En attendant, nous nous mettons à compter les masques et les planquons dans les coffres du service. J'ai l'impression d'être dans un mauvais film.

Samedi 7 mars

Je fais du porte-à-porte dans un des immeubles de La Sablière. La Sablière est le bailleur social historiquement lié à la SNCF. Je suis frappé par l'état d'abandon des parties communes. Dans le passé, j'avais obtenu que des travaux soient réalisés. Mais là, tout va à vau-l'eau. Escaliers noirs de crasse, peinture écaillée, fils du téléphone qui pendent. Dans certains appartements, des compteurs ont été récemment posés de telle façon que les locataires ne peuvent même plus ouvrir complètement leur porte. À un palier élevé, je découvre une fenêtre ouverte à hauteur d'enfant sans aucune protection. Les portails sont cassés. Le local à poubelles pue. Je suis pris d'un sentiment de colère contre tous ces administrateurs qui vivent de nos impôts et n'ont que faire du quotidien de ceux dont ils ont la charge. Sans parler des trois petits voyous qui rendent la vie infernale aux voisins, avec leur scooter ou leur grosse voiture musique à plein tube durant la nuit. Souvent, quand les habitants excédés appellent la police, on leur répond qu'il n'y a pas de véhicule disponible. Et quand elle finit par intervenir et embarque un des fauteurs de troubles, la justice le libère une heure plus tard. Ce qui a un effet désastreux sur le moral de la population qui, se retrouvant le lendemain même nez à nez avec ceux qu'elle a dénoncés la veille, comprend qu'elle est abandonnée. Quant à la police municipale, dès qu'elle hausse le ton, elle est critiquée par l'opposition locale qui appelle « à moins de répression et à plus de prévention ». J'aimerais que tous ces indignocrates bien au chaud dans leurs beaux quartiers vivent une seule semaine ce qui est infligé aux honnêtes travailleurs, locataires résignés à supporter le bruit, les regards menaçants, le deal, les déchets de McDo et cannettes de bière éparpillés au pied des immeubles. Par lâcheté, par manque de moyens, par idéologie, par désillusion, les institutions ferment les yeux, et le bailleur social s'en lave les mains. Je n'en peux plus de cette irresponsabilité collective. Comme le maire est la seule relation des gens qui n'en ont pas, ils se tournent vers moi. Je convoque dans mon bureau le responsable de La Sablière. Après tout, la ville a financé une partie de ces immeubles. Alors j'exige des comptes.

De retour à l'hôpital, je prends connaissance de la nouvelle note MARS. La DGS prend enfin la décision d'étendre la définition des contacts étroits (et donc suspects) à tout contact à partir des vingt-quatre heures précédant l'apparition d'un cas confirmé de Covid-19. Nous avions de nous-mêmes appliqué cette règle lors du passage du patient chinois fin janvier… Comment expliquer cette lenteur à la prise de décision ? La même note nous indique que les patients que nous renvoyons de l'hôpital vers leur domicile doivent porter un masque. Mais il n'y a plus de masques en pharmacie !

Les pharmaciens sont autorisés par décret à fabriquer eux-mêmes des solutions hydroalcooliques. Je croyais que le pays avait des stocks. N'est-ce pas ce qu'avait déclaré Olivier Véran le 18 février ? De toute façon, Stéphane Tchikirian et Nicolas Teknetzian, les pharmaciens du rond-point du Souvenir-Français à La Garenne, me disent que très peu d'officines sont équipées pour une telle fabrication. Le gouvernement peut-il l'ignorer quand il prend son décret ? S'il l'ignore, c'est qu'il est mal renseigné. S'il ne l'ignore pas, c'est qu'il se contente de n'être que dans la communication.

On n'effectue toujours pas les tests à Pompidou.

Ça y est : ce soir, le frigo arrive. Les médecins de garde auront un plateau-repas. Je le demandais depuis des années : il faut une menace de crise pour que les gens se bougent.

Dimanche 8 mars

Effet secondaire de l'épidémie : ma boîte mail est submergée de messages d'alerte, souvent identiques, renvoyés en boucle par toutes les autorités de la terre avec le souci que personne ne soit oublié. Le risque est immense qu'une information importante soit noyée dans le flot. L'informaticien qui inventera le logiciel de messagerie permettant de trier les infos redondantes fera fortune.

Un orthopédiste infecté à Lariboisière et une sage-femme cas contact à Cochin.

Tractages sur le marché des Vallées. Le premier tour est dans une semaine. Le candidat En Marche, certain de gagner, ne passe qu'une demi-heure. Nous nous saluons aimablement. J'arrive à 9 heures et je pars à 13 heures avant de faire trois heures de porte-à-porte. J'ai l'impression qu'il ne sait pas qu'il y a une campagne électorale et qu'il mène une liste. Est-il si certain de gagner ou pense-t-il que c'est perdu ?

Lundi 9 mars

Situation relativement calme sur le front des patients. Le nombre de cas suspects augmente, mais c'est tenable. La tente serait bien utile. Et si seulement nous pouvions faire nous-mêmes les tests…

Mardi 10 mars

Éditorial de Laurent Joffrin : « Coronavirus : on en fait trop ? » Il conclut que non, mais non sans ambiguïté. J'entends les mêmes questions chez certains collègues de l'hôpital qui souhaiteraient continuer à prendre en charge normalement les patients autres que les Covid-19. Je les comprends, car les autres maladies ne s'arrêtent pas. Je me souviens de cet infarctus qu'on avait reçu en même temps que les blessés du Bataclan. Il avait bien fallu le traiter même si toute notre énergie était tournée vers les victimes de la fusillade.

Toute l'Italie est confinée. Et nous ?

Je reçois le diaporama quotidien de l'ARS sur les indicateurs de coronavirus. Le nombre de cas suspects a décollé hier en Île-de-France. Les Samu ont connu leur pire journée. Dans le 93, beaucoup d'appels n'ont même pas pu être décrochés par un Samu totalement débordé. On nous prévient d'une probable augmentation très rapide du nombre de cas. Les laboratoires sont saturés. On évalue à 10 % le nombre de tests positifs.

On s'attend aussi à un accroissement très rapide du nombre de patients en réanimation. Trente-neuf Covid-19 sont hospitalisés en soins critiques à l'AP-HP. Il paraît qu'on peut en absorber 100 sans difficulté. Pour arriver à 400, il faudrait commencer à mettre les patients un peu partout : dans les salles de réveil en particulier. Ce qui impliquerait de déprogrammer les patients de chirurgie. On évoque même la nécessité de monter à 1 000 lits de réanimation. À l'heure actuelle, on ne sait pas comment faire, bien qu'on nous demande d'y travailler. Jean-Luc Diehl, le patron de la réanimation médicale, suggère avec sagesse que l'administration recense les infirmiers et aides-soignants ayant une expérience en réanimation. Ce travail aurait dû être fait depuis longtemps au plan national. Dans les pays sérieux, cela s'appelle un plan d'urgence. J'espère que la sécurité nucléaire est plus rigoureuse.

Un bruit court de ruptures d'approvisionnement en masques FFP2 et en écouvillons, les sortes de cotons-tiges utilisés pour les prélèvements nasaux. Quant aux masques chirurgicaux, le ministère en annonce la livraison de 1 million cette semaine, mais aucune visibilité pour après... Que représente 1 million ? Quelle est notre consommation ? Si l'on veut ouvrir des lits de réanimation, il va falloir des respirateurs. On nous dit qu'on en achète. Combien ? Nul ne sait. De quel type ? Nul ne sait. On nous annonce aussi des achats de circuits de circulation extracorporelle. Tout cela dans la précipitation. Je pensais que nous avions la haute administration la meilleure du monde. N'aurait-elle pas dû préparer tout cela ? J'ai l'impression de lire le récit des premiers jours de l'Étrange Défaite, quand le ciel nous était tombé sur la tête.

Le Président a visité le Samu de Paris. Il aurait laissé entendre qu'on pourrait avoir une riposte graduée selon les endroits. Certains lieux sont en phase 1, d'autres en phase 2 ou même, comme en Île-de-France, en phase 3. Logiquement, il pourrait donc commander des mesures différenciées selon les régions. Enfin, le confinement aura sans doute lieu ! Mais on l'adapterait aux situations locales. Encore faudrait-il avoir une vision claire desdites situations locales.

Mercredi 11 mars

L'OMS déclare l'état de pandémie. « *Pandémie* : nom féminin. Épidémie étendue à toute la population d'un continent ; voire au monde entier. » En France, on hésite encore à parler d'épidémie.

Les réactifs sont en cours d'achat pour analyser les prélèvements dans notre hôpital. Enfin ! En attendant, des discussions progressent avec les laboratoires privés pour augmenter notre capacité à tester. Les machines de Cerba, le plus gros réseau de laboratoires d'analyses de France et peut-être d'Europe, pourraient permettre 800 tests par jour, mais se posent des questions d'organisation (qui prélève et où ?), qui rendent la chose moins aisée.

Je repense à ce qu'on m'a dit hier d'un confinement partiel. J'y étais assez favorable il y a dix jours. Mais n'est-ce pas trop tard ?

Jeudi 12 mars

Je prends connaissance du compte rendu d'une énième réunion en date d'hier. Il est de nouveau déconseillé aux équipes de porter systématiquement un masque. Le masque serait « désagréable et risque important d'erreur d'hygiène ». « Risque de fausse impression de sécurité. » Il aurait été plus honnête d'expliquer que c'est parce que nous risquons d'en manquer.

Plus de 4 000 masques auraient été volés dans les hôpitaux, selon *Le Parisien.*

Un certain Ahizi Adjimon du Bénin me propose une solution à base d'huile pour prévenir et guérir du coronavirus contre la modique somme de 2 050 euros la boîte : « Une goûte [*sic*] de l'huile dans l'eau de toilette pour vous doucher, la lessive, les toilettes… Une goûte [*re-sic*] dans un verre d'eau à prendre un le matin et un le soir… » Ce type d'annonce va fleurir. Les autorités doivent mettre en garde la population. Plus la situation va s'aggraver, plus les gens crédules ou inquiets tomberont dans le panneau.

Un médecin qui devait rejoindre le service m'annonce qu'il décline finalement, « pour des raisons personnelles ». On commence à dire que des médecins meurent en Italie. La peur tait parfois son nom.

À 20 heures, le président de la République annonce la fermeture des crèches et écoles à partir de lundi. Martin Hirsch dégaine aussitôt et annonce travailler à des solutions de garde pour les professionnels qui ont des enfants. De mon côté, j'écris aux parents d'élèves de La Garenne pour leur rappeler le service gratuit de soutien scolaire du CP au bac que nous avons mis en place avec Acadomia. Il sera utile en attendant que l'Éducation nationale s'adapte.

Bonne réactivité de la Faculté. Le doyen Gérard Friedlander annule tous les cours à la fac et nous donne l'instruction de les remplacer par des cours en ligne. Pourquoi Jean-Michel Blanquer, ou la rectrice, ou la directrice d'académie n'ont-ils pas pareillement commandé clairement aux enseignants d'organiser des cours à distance ?

Ouverture d'un centre de prélèvement à l'Hôtel-Dieu en collaboration avec le laboratoire privé Cerba. Bonne initiative de collaboration public-privé.

Vendredi 13 mars

Le matin, je déclare sur Sud Radio : « Ceux qui vous disent que c'est une grippounette vous trompent. Oui, le coronavirus est plus grave que la grippe. Il n'y a pas de panique à avoir parce qu'on sait que ça va arriver. » La panique, cette ennemie.

J'annule le dernier tract de la campagne. Nous avons tous l'esprit ailleurs. Le bruit court que le Président voudrait annuler les élections qui se tiennent dans deux jours. Christian Jacob m'explique que le Premier ministre a assuré les chefs de parti du contraire ce matin. On n'y comprend plus rien.

Dans l'après-midi, le Conseil scientifique donne un avis favorable à la tenue du premier tour : le Président le maintient. Décision difficile pour lui, car les sondages sont catastrophiques pour son camp, et une annulation aurait été interprétée comme une manœuvre pour échapper au désastre. Mais je pense qu'il a raison : on équipera les bureaux de tout ce qu'il faut pour protéger les gens. D'une certaine façon, on sera plus protégés en se rendant dans un bureau de vote que dans un supermarché.

La lingerie de l'hôpital va compléter l'habillement des médecins qui n'ont pas assez de pyjamas de rechange.

La pharmacie des forces armées italiennes donnerait des instructions pour désinfecter et réutiliser les masques jetables. Cela paraît improbable. Mais tout paraît improbable.

Alors que s'avance vers nous un péril jamais vécu avant, une clinique privée essaye de débaucher mes médecins. L'un d'eux me montre le mail qu'il a reçu, comme tous ses collègues, de la clinique Floréal à Bagnolet : celle-ci leur propose 700 euros la nuit de garde, quatre fois plus que ce que le service public peut leur offrir. L'annonce précise même que, la nuit, « l'activité est modérée et le médecin dort systématiquement 3 à 4 heures dans un appartement de garde confortable doté d'une cuisine avec machine à café, lit double place (la précision semble importante !), télévision avec chaînes de la TNT… ». Alors que je m'évertue à motiver mes troupes et à les rassurer, ces gens essayent de les attirer ailleurs. J'appelle le directeur de la clinique pour lui dire ma façon de penser et lui indique que si c'est si tranquille la nuit chez eux, on pourrait peut-être suggérer à l'ARS de ne plus agréer cette activité inutile. Il me dit qu'il n'est pas responsable de l'annonce mais s'excuse platement. Non seulement irresponsable, mais sans courage.

À *C dans l'air*, je rappelle que l'épisode du *Diamond Princess*, ce bateau de croisière dans lequel a éclaté un foyer de l'épidémie, nous a appris que 50 % des patients testés positifs étaient asymptomatiques mais contagieux. Cette contagiosité silencieuse en l'absence de test généralisé est un problème majeur pour les autorités sanitaires. Le virus se transmet en catimini. Sur le plateau, je déclare : « On en a pour trois mois. »

Vendredi 13 ? Je joue 2 euros à l'EuroMillions.

Samedi 14 mars

À la mairie, je réunis les assesseurs en vue de la journée de demain, toutes listes confondues. Certains sont inquiets. Je tente de rassurer : il y aura des stylos jetables, des masques, du liquide hydroalcoolique. Espérons qu'aucun ne nous fera faux bond au dernier moment. Car sinon, nous risquons d'être en difficulté pour ouvrir le scrutin.

Depuis plusieurs jours dès que je le peux, dans les médias, je demande aux Français de ne pas venir encombrer les urgences pour des broutilles. J'ai l'impression d'avoir été entendu : l'activité n'est pas très grande en volume, surtout pour les patients âgés, qui semblent avoir complètement disparu. En revanche, les cas possibles de Covid-19 montent en flèche. Et comme chacun d'entre eux demande beaucoup de temps (il faut chaque fois s'habiller de pied en cap), nous ne chômons pas. Je ne suis pas sur le planning mais je vais donner un coup de main aux médecins du service et, pendant deux heures, je fais des prélèvements pour PCR. Un patient à l'allure caricaturale, qu'on verrait bien dans un rôle de trafiquant de drogue au cinéma, vient se faire tester car il tousse. Je lui demande où il a trouvé le masque FFP2 qu'il arbore et qu'il ne devrait pas avoir. Dans un grand sourire ponctué d'un clin d'œil, il en sort quelques-uns de sa poche et m'explique :

— Je m'arrange. Si vous en voulez, docteur, je peux vous trouver ça. Ça vous intéresse ?

Je décline poliment. Les amabilités terminées, je le prélève au fond de sa narine droite. Il faut aller bien au fond, « jusqu'à obtenir une larme ». Il grimace et trouve que j'y vais fort. Mais j'ai sa larme.

Ce soir, le Premier ministre nous prend tous de court : fermeture des cafés et restaurants à 22 heures ! Je file à La Voglia, le restaurant italien place de la Liberté à La Garenne, pour un dernier dîner avant je ne sais combien de temps. Encore une minute, monsieur le bourreau ! En sortant, accompagné de mon fils, je fais le tour de la ville pour prendre le pouls. L'ambiance est curieuse. Résignation et veillée d'armes. Un air de gravité plane. Le sentiment de vivre quelque chose d'unique dont on ne mesure pas toutes les conséquences.

Est-ce réel ?

Dimanche 15 mars

Il fait doux. Habituellement, j'aime ces journées d'élections, et leur calme mêlé de tension après l'excitation des derniers jours de campagne. Les dés sont jetés. Tous ceux qui ont tenu un jour un bureau de vote connaissent cette ambiance particulière. Le cérémonial rassurant de l'opération de vote : la présentation de la carte d'électeur, le choix du bulletin, la remise de l'enveloppe, l'isoloir, la litanie des noms prononcés par l'assesseur et le « A voté » du président. Ceux qui plaident pour le vote électronique ne savent pas la saveur de cette messe républicaine, qui lisse les passions politiques et rassemble. Une fois n'est pas coutume, j'expédie en deux heures le tour des bureaux de vote. Isabelle, ma directrice de cabinet, m'accompagne. Peu de votants. Des solutions hydroalcooliques. Un président de bureau porte un masque. Quand on est personnellement concerné par le vote, on est attentif aux moindres signes. J'essaye de me rassurer. J'en profite pour voter.

La cellule de crise à l'hôpital se réunit à 13 heures. Sur le chemin, au téléphone, François Braun, mon collègue de

Metz et président de Samu-Urgences de France, me décrit une situation devenue apocalyptique en quelques jours. Leurs hôpitaux sont complètement débordés. Le matériel manque. Les malades meurent. J'appelle Jean Rottner dans la foulée, mon collègue urgentiste président de la région Grand-Est. Jean est un homme calme, peu suspect de catastrophisme. Il confirme. Il n'a jamais vu ça et ne comprend pas qu'on les abandonne. Il me dit avoir téléphoné à Emmanuel Macron pour l'alerter. Et rien. Je suis sonné par leurs avertissements. Leur description tranche avec ce qu'on voit sur les chaînes d'information en continu, où l'on comprend que le Grand-Est connaît des difficultés, mais sans plus. Elle jure surtout avec ce que j'observe en arrivant à Pompidou, où tout est calme.

J'enfile ma blouse, vais saluer les équipes au galop et grimpe au deuxième étage où doit se tenir la réunion stratégique quotidienne. Arrivé en avance, je me retrouve dans la salle avec le réanimateur Jean-Luc Diehl et la directrice Anne Lefebvre. Celle-ci nous dit envisager de déprogrammer la moitié des patients chirurgicaux pour libérer quelques lits. Ému par mes discussions avec Jean Rottner et François Braun, je la coupe et lui dis qu'elle ne se rend pas bien compte de la situation. Je lui rapporte ce que je viens d'entendre.

— Il faut annuler tous les programmes, et pas seulement la moitié.

J'ai conscience d'avoir été vif, mais Jean-Luc Diehl, qui a eu les mêmes informations que moi de ses propres collègues d'Alsace, renchérit de son ton posé :

— Oui madame la directrice, je crois qu'il a raison. La situation est très grave. Il vaut mieux déprogrammer toute l'activité opératoire des prochains jours, et pas seulement une partie.

La fermeté de nos affirmations l'ébranle. Deux longues secondes de réflexion pendant lesquelles elle nous regarde incrédule. Puis elle se range d'un coup à notre avis avec une facilité qui me déconcerte autant qu'elle me rassure. Anne Lefebvre est une pragmatique dans les crises. Nos collègues de l'Est nous ont ouvert les yeux. Si c'est comme chez eux, il va nous falloir des places, beaucoup de places.

Depuis trois semaines, je demandais sans succès qu'on monte une tente pour étendre le service des urgences au cas où la situation empirerait. La tente était disponible, elle ne servait à rien mais on ne nous la donnait pas. Pourquoi ? Je ne sais toujours pas vraiment. Peut-être parce que beaucoup ne croyaient pas à une flambée de l'épidémie. Notre coup de gueule à la réunion de crise provoque une fébrilité générale. La tente est montée en moins d'une heure. J'en profite pour réorganiser mon service en intervertissant les deux secteurs : un strictement réservé aux patients Covid et l'autre aux patients non Covid. Encore une heure et la tente est équipée et chauffée. Mystère de la bureaucratie : alors que cette réorganisation du service a lieu en présence de la directrice adjointe, on me fera remarquer le lendemain que j'aurais dû en référer à la cellule de crise avant de prendre ces décisions de réorganisation…

À La Garenne, la participation est moyenne, mais pas catastrophique. Dans la journée, je fais plusieurs allers-retours entre la mairie et l'hôpital. Sur la route, j'ai Marine Le Pen au téléphone. Je la connais depuis le Parlement européen, et si je ne partage pas nombre de ses choix, je n'accepte pas la violence avec laquelle on traite en France les adversaires politiques. Je crois à la *disputatio*, pas à l'excommunication. Elle me demande ce que je pense de la situation. Je lui dis qu'il faudrait confiner le pays car nous allons être débordés. Mais je lui confie mes doutes. Ne faudrait-il pas confiner différemment selon les régions, même s'il est peut-être déjà trop tard pour faire de la dentelle ? Elle me répond que si on fait ça, tous ceux qui le peuvent quitteront dans l'heure les régions confinées pour les régions qui ne le sont pas. Le risque est réel, j'en conviens. Quelques minutes plus tard, j'ai la même discussion avec Bernard Tapie. Il me fait exactement la même remarque.

Le soir, je suis sur le plateau de TF1 pour la traditionnelle soirée électorale où tous les camps expliquent qu'ils ont gagné. Les nouvelles de l'Est se bousculent. Elles sont mauvaises. Ils sont submergés. Rémi Salomon, mon collègue et président de la Commission médicale d'établissement de l'AP-HP, a appelé au confinement total dans un tweet. J'arrive à TF1 à 20 h 10. Sur le plateau, les invités se disputent pour savoir s'il fallait vraiment organiser les élections. Il y a Karima Delli, avec laquelle j'avais eu le bonheur de collaborer au Parlement européen, Bruno Retailleau, que j'apprécie beaucoup, et Jordan Bardella, que je ne connais pas. On m'interroge. Je réponds que le sujet est déjà derrière nous et qu'il ne sert à rien de se disputer puisque les élections ont eu lieu. Au fond de moi, je pense que toutes les précautions ont été prises dans les bureaux de vote. Consacrons plutôt notre temps et notre énergie à prendre des décisions urgentes ! Je tremble un peu, je marque un temps d'arrêt et j'appelle au confinement total de la population. J'y pensais depuis hier sans oser franchir le pas tant les conséquences sont immenses. Je respire. Voilà, c'est dit. Malgré moi, mon ton se fait solennel. « Je vous en conjure, restez chez vous. » Les personnalités présentes acquiescent. En tout cas, aucune ne me contredit. On m'aurait dit que j'appellerais à une telle décision il y a quelques semaines… Olivier Véran arrive quand je pars. Nous nous saluons.

Je rentre à la mairie car je dois officiellement annoncer les résultats de l'élection. Dans la voiture qui me ramène, les SMS se bousculent. Mon appel au confinement général en a ébranlé beaucoup, qui me demandent si je suis sérieux. En répondant à quelques messages, je lis celui d'Isabelle Gaspar qui me félicite. J'en déduis que je suis réélu – à moins que ce ne soit pour ma prestation sur TF1 ? Je l'appelle, elle me confirme notre victoire. Le score final est connu vers 23 heures : 75,99 % des voix. Meilleur score des Hauts-de-Seine. Le candidat LREM ne s'est même pas déplacé pour entendre la proclamation des résultats. Ses colistiers présents, qui, hier encore, me regardaient de haut, font la gueule. Contraste saisissant avec la candidate socialiste qui vient aimablement me féliciter. En d'autres moments, mes amis et moi aurions été joyeux. Là, rien. Je suis vidé. La foule se disperse, soucieuse et grave. Je récupère dans mon bureau mon cartable en cuir que je balade depuis la terminale, et j'éteins la lumière. Je salue ceux qui s'attardent sur les marches de l'Hôtel de Ville. Il est tard. En marchant dans la rue déserte éclairée de cette lumière jaune artificielle des candélabres, je me demande ce que nous réserve demain. Je hâte le pas.

Lundi 16 mars

À 8 heures sur RTL, je réaffirme la nécessité de confiner toute la population le plus vite possible, avant que nous soyons débordés et incapables de traiter tout le monde. C'est désormais une question d'heures. Nous sommes déjà en retard. Je mets en garde contre les phénomènes d'exode de population : « Si vous êtes malade, vous allez emmener le virus dans les régions où il n'y en a pas. »

J'arrive à l'hôpital juste après. L'ambiance a changé. La nuit a été anormalement calme. Aux urgences, les malades semblent avoir disparu. Restés chez eux. L'orage approche. Dans l'après-midi, les chiffres d'Île-de-France montrent que le nombre de cas en réanimation a doublé en vingt-quatre heures. Mais ici, rien.

À 13 heures sur TF1, je déclare que « nous allons gagner la guerre à condition que nous ne nous désorganisions pas. La marée monte à toute vitesse en Île-de-France ».

Dans l'après-midi, je reçois des appels de mes trois filles. Comme tout le monde, elles savent que le confinement est imminent. Marie arrivera de Bruxelles demain, Clotilde sera là ce soir. La maison est grande et elles préfèrent y être confinées plutôt que dans leur studio. Quant à Armance, ses deux sœurs l'invitent à rester avec leur mère à Paris. Les filles viendront chacune s'installer avec leur copain. Je me réjouis de cette compagnie qui va bouleverser mes petites habitudes de célibataire. Il y a quelques jours, j'avais prévu le coup en ramenant un caddie rempli de ravitaillement du supermarché. J'avais été un peu gêné quand le directeur du magasin m'avait lancé

— Alors vous aussi monsieur le Maire, vous faites des réserves !

Le soir, conférence de presse d'Emmanuel Macron, assez théâtrale. Je suis invité à l'émission *Quotidien* de Yann Barthès pour commenter à chaud sa déclaration. Sur le coup, j'avoue que je ne comprends pas précisément les annonces du Président. Les journalistes sont comme moi, ainsi que mon collègue Rémi Salomon, également présent. Nous ne sommes même pas certains d'avoir entendu prononcer le mot confinement. Pourquoi ne dit-il pas clairement les choses ? On devine néanmoins que le confinement est fixé à demain 20 heures. Le Président prodigue ses conseils : il faut profiter de cette période d'exil domestique pour réfléchir, se retrouver et lire. Vision idéale d'un homme cultivé, mais d'un milieu si aisé qu'il n'a aucune idée des conditions de vie de la majorité des Français, ni de leurs centres d'intérêt. Sait-il comment sont logés nos compatriotes en zone dense ? Sait-il que Netflix, au mieux, a remplacé la lecture des classiques, et parfois la lecture tout court ? Sait-il combien vivent seuls et comme le confinement va être psychologiquement difficile pour eux ? Pas un mot sur tous ces aspects. Pourtant il a raison sur un point : il faut confiner car nous risquons d'être submergés par notre impréparation. En revanche, a-t-il parlé de nos difficultés logistiques, de l'absence de tests de la population et de l'absence de masques ?

Sur le plateau, je choque une journaliste quand je dis que la France est un pays sous-développé. Comment faut-il appeler un pays incapable de fournir de simples masques à sa population ?

Le Président évoque quinze jours de confinement. Il est évident qu'on en a pour au moins un mois et demi.

Les collégiens et les lycéens applaudissent. Vive les vacances. Sur le plateau, je tente de modérer cet enthousiasme en expliquant qu'il n'est pas question d'aller faire des fêtes chez les copains. Je me souviens de ma joie quand, adolescent, je découvrais le matin qu'un professeur était malade.

Mardi 17 mars

Stéphane Le Goff, un des cadres infirmiers du service, craque. Sa mère est hospitalisée à Creil. Elle est en train de mourir, or les visites sont désormais interdites. Comment peut-on empêcher un fils de voir sa mère avant qu'elle ne meure ? Je contacte le chef de service qui accepte de déroger. Stéphane est autorisé à lui rendre visite. Mais la cadre infirmière locale s'en mêle et refuse de le laisser aller prendre la main de sa maman. Dictature de ces petits chefs médiocres, qui s'épanouissent dans ces périodes de troubles. Leur jour de gloire est arrivé, où ils peuvent imposer leur parcelle de pouvoir aux autres. Sinistres crétins. Je dois écrire à la directrice de l'établissement pour qu'elle débloque l'affaire.

Interview d'Agnès Buzyn dans *Le Monde*. Elle savait que le tsunami arrivait quand elle a déserté le ministère. *No comment*. Les médecins ne tirent pas sur les ambulances.

Christophe Castaner, le ministre de l'Intérieur, détaille les règles du confinement. Il est plus clair que le Président hier. Sur Brut, je défends néanmoins le Président car le temps n'est pas aux querelles accessoires : j'explique qu'Emmanuel Macron ne pouvait pas approfondir dans sa déclaration d'hier et qu'il est normal que le ministre de l'Intérieur précise les choses. Christophe Castaner m'envoie un message privé sur Twitter pour me remercier.

Mercredi 18 mars

Le second tour des élections a été annulé.
Le résultat du premier tour sera-t-il maintenu ?

En attendant, il faut organiser La Garenne pour le confinement. Je m'appuie sur Isabelle Gaspar et Laurent Montagnon. Laurent Montagnon est le directeur général des services, c'est-à-dire le patron, de l'administration de la commune. Je l'avais embauché il y a une dizaine d'années comme assistant au conseil général. Sa formation initiale (École normale supérieure, thèse de physique) ne le prédestinait pas à l'administration. Mais j'ai toujours pensé qu'intelligence rimait avec polyvalence. Passé du conseil général à la mairie, il était vite devenu l'homme à qui je confiais les dossiers complexes et transversaux. C'est par exemple grâce à lui que j'avais pu faire de La Garenne une des villes les moins endettées du département. Mais sa qualité principale n'était pas là. Il savait me répondre « je ne sais pas » quand il lui arrivait (rarement) de ne pas connaître la réponse à une question que je lui posais. Une honnêteté qui tranchait avec son prédécesseur qui me répondait toujours ce qu'il croyait être la réponse que j'attendais. Je trouve cette franchise rassurante. Je pouvais toujours me fier à ses réponses, non que je les suivisse systématiquement (l'homme politique reste maître de ses choix), mais parce que je pouvais m'y appuyer pour choisir en conscience.

Je définis les priorités immédiates pour la ville : s'occuper des personnes les plus fragiles, recenser le matériel, répondre aux demandes urgentes de nos habitants, s'assurer du ravitaillement de la population et du maintien de l'ordre.

Dans un premier temps, nous décidons d'établir un standard téléphonique 24 h / 24 à la mairie. C'est à la Croix-Rouge de La Garenne que nous confions cette tâche. Marielle Meunier, la nouvelle présidente de la section, s'active, cinq lignes téléphoniques sont mises en place. Les secouristes de la Croix-Rouge aidés par quelques fonctionnaires se relayeront en permanence pour répondre aux questions des Garennois et transmettront à l'armée de bénévoles que nous mettrons bientôt en place sur le terrain. Tous les jours, quatre ou cinq cents appels seront passés aux plus fragiles afin de s'assurer de leur état. Car cette épidémie va également être une épidémie de solitude. La salle René-Guest, du nom d'un ancien maire de la commune, est la salle habituelle des commissions. C'est elle qui est réquisitionnée pour la Croix-Rouge et son centre d'appels. Les téléphones et ordinateurs s'y mêlent à divers impedimenta, de la nourriture, des cafetières, des confiseries et du chocolat en tout genre pour le moral des troupes, des packs d'eau, des malles pleines de je ne sais quoi, de la paperasse habituelle et des civières qui font office de lits pour les courageux permanents de la nuit. Et des bénévoles, beaucoup de bénévoles. C'est une ruche. D'une certaine manière, la mairie n'a jamais été aussi bouillonnante.

Je demande aussi à Laurent Montagnon et Isabelle Gaspar de réunir une petite équipe et de la convier par Zoom tous les jours. Cela me permettra de garder un œil sur l'organisation, à défaut de pouvoir être présent en continu. Car un message de Martin Hirsch alerte les hôpitaux parisiens : les jours qui viennent vont être cruciaux et effectivement, à l'hôpital, l'activité continue à monter. En Île-de-France, on est passés de 214 à 349 patients en réanimation entre le 16 mars et aujourd'hui. Le nombre de cas possibles de Covid-19 dans les urgences augmente chaque demi-journée. Nous ne sommes pas au pic. On nous le promet pour dans dix à quinze jours... C'est l'épreuve de vérité pour notre système de soins. Nous entrons dans les jours les plus longs qu'il ait connus.

François Crémieux, un des adjoints de Martin Hirsch à l'AP-HP, souligne qu'il faut travailler dès maintenant avec les réanimations privées, en leur transférant directement des patients des urgences. Cela, selon lui, n'est pas fait. Sa position de bon sens est pourtant critiquée par des collègues qui voient dans le transfert des patients une surcharge de travail pour les Smur qui vont être chargés des transports. Comprennent-ils qu'ils n'auront bientôt plus le choix ?

Le boulanger d'en face nous livre une tonne de chouquettes. Petit pansement au moral qui n'efface pas la tension gagnant les personnels. Face à l'incertitude, nous devenons fragiles. Certains ont peur.

Une question revient depuis deux jours. Celle des tenues de protection individuelles. Les manches de nos surblouses sont trop courtes et une partie des avant-bras est découverte. Là-dessus, l'affaire des gants revient sur le tapis. De nouveau, on nous demanderait de ne plus mettre de gants pour examiner les patients, au motif qu'ils seraient une fausse protection. À la fois parce qu'il suffirait, pour se protéger, de se laver les mains après avoir examiné les patients, et parce que quelques-uns d'entre nous les garderaient, salis par le contact avec le patient, après avoir quitté la chambre. Justifié ou non, le débat prospère. Il devient bientôt un objet de tension supplémentaire qui peut mettre en péril la cohésion de l'équipe. Sentant les choses se déliter, avec Sonia Lejuste, une des cadres du service, nous décidons de mettre un coup d'arrêt aux discussions qui s'enveniment, et redonnons l'instruction de toujours porter des gants. Fin de la polémique.

Mais l'équipe reste tendue car l'anxiété commence à se mêler à la fatigue. Je vais parler au psychiatre Cédric Lemogne.

Heureusement, je peux aussi m'appuyer sur mon adjointe Isabelle Vassor. Quelle solidité ! Présente sans cesse, elle résout toutes les questions logistiques qui ne cessent de se poser ainsi que les problèmes de planning qui apparaissent au fur et à mesure que la charge de travail augmente.

Les jeunes en service civique sont priés de rentrer chez eux. Trop dangereux.

Plusieurs chirurgiens, désormais sans activité, me proposent leur aide. La gynécologue Anne-Sophie Bats, l'urologue Arnaud Mejean, les ORL Ollivier Laccourreye et Pierre Bonfils, et les orthopédistes Pierre Guigui et Emmanuel Masmejean. Tous sont des as dans leur domaine. Tous se soumettent au rythme d'une maladie dont on ne sait pas grand-chose. Philippe Menasché me dit avec modestie sa crainte de n'être pas au niveau, lui le spécialiste mondial des cellules cardiaques dérivées des cellules souches embryonnaires. Je le rassure : il devrait réussir à mettre un morceau de coton au fond de la narine des patients.

Depuis lundi, le test PCR est enfin faisable dans notre établissement. Nous le devons aux efforts de nos virologues Hélène Péré et David Veyer. Je ne les connaissais pas avant la crise. Effet collatéral positif.

Patrick Pelloux m'appelle. Lui aussi veut nous donner un coup de main. Il est le bienvenu. Un homme attachant. Il veut qu'on l'aime. Je suis comme lui.

Depuis quatre ans, on me promet trois bureaux pour mes médecins. En février 2019, c'était pour dans dix jours. Nous sommes un an plus tard, rien n'a été fait et mes médecins sont toujours entassés à une dizaine dans une salle. La période va être dure et je veux qu'ils soient correctement installés. Je profite du fait qu'on ne nous refuse rien en ce moment : je récupère les clés et investis les lieux. Il n'y a pas de petites victoires. Mes médecins ont un lieu pour travailler. Disons que l'épidémie a du bon : les choses avancent enfin.

J'essaye d'envoyer quelques patients ambulatoires à l'Hôtel-Dieu. Mais le process est complexe puisque je dois appeler le Samu auparavant. Après dix minutes d'attente au téléphone, j'abandonne.

Éric Ciotti m'appelle. À Nice, la situation est sous contrôle. Ce n'est pas le cas en Alsace où tout semble déborder les personnels. Je lis un mail de Marc Noizet qui date de dimanche. Marc est le chef de service du Samu 68-Urgences à Mulhouse. La mortalité dans les secteurs de gériatrie est majeure. Depuis quinze jours, toutes leurs mesures ont été dépassées tant la cinétique a été rapide. Le personnel, touché par la maladie, commence à manquer.

La priorité nationale devrait être de protéger notre système de santé et ses professionnels, et les plus fragiles. Pourtant une note de la DGS incite à limiter considérablement l'usage des masques. Dans les Ehpad, il est prescrit que les masques doivent être réservés aux secteurs touchés par la maladie. Grave erreur d'appréciation que nous paierons cher : c'est dans tout l'Ehpad qu'il faut porter un masque pour éviter les nouvelles infections. Quand les patients sont malades, c'est déjà trop tard ! Quant aux masques FFP2, ils sont rationnés y compris chez ceux qui en ont besoin : selon la note, ils « pourront », avec la dimension facultative de ce verbe, être attribués aux chirurgiens-dentistes et aux kinésithérapeutes qui font des soins respiratoires. Je me demande si le rédacteur de la note a compris que les dentistes, qui travaillent dans la bouche des patients, sont les plus exposés d'entre nous et doivent absolument porter un FFP2.

La communication gouvernementale multiplie les contradictions fâcheuses. Olivier Véran appelle tous les personnels des urgences à mettre des masques. Enfin ! Mais il précise : seulement dans les zones où circule le virus. Dans ce cas, pourquoi avoir confiné la France entière s'il est des zones sans circulation du virus ?

Je fais un aller-retour jusqu'à CNews. Mon appel est simple : « Je vous en prie, aujourd'hui il nous faut des masques. »

C'est la dernière fois que j'accepte d'aller sur un plateau : je n'ai plus le temps et ces espaces clos sont dangereux. Si les journalistes veulent me parler, qu'ils viennent me voir à l'hôpital. Et puis ce spectacle de gens agglutinés à l'antenne ne me semble pas un bon exemple de santé publique. Restez chez vous !

Il est 23 heures, je rentre chez moi.

Mes enfants m'ont préparé une assiette.

Je m'écroule.

Jeudi 19 mars

6 h 15. La chienne me regarde d'un air désabusé. Elle daigne se lever pour profiter de ma présence et faire un rapide saut diurétique dans le jardin. Mais à peine ai-je englouti un café qu'elle remonte se coucher dans une des chambres. Là-haut, tout le monde dort. Quand je ferme la porte derrière moi, le silence règne. Il règne d'ailleurs partout. Dans ma rue déserte, et dans toutes celles que j'emprunte pour me rendre au travail. Le périphérique aussi est littéralement désert. Je suis seul sur tout le parcours entre la porte Maillot et la porte d'Issy. Ça me rappelle mon service militaire. Comme médecin, je devais parfois suivre François Mitterrand quand il se rendait de l'Élysée à Roissy. À l'époque, la sécurité condamnait l'entièreté du parcours présidentiel pour des raisons de commodité et nous roulions seuls en pleine journée. Je me souviens que, honteux, j'évitais de regarder les automobilistes bloqués parfois une demi-heure aux carrefours, le temps que passe le convoi présidentiel. Autres temps, autres mœurs. Si Emmanuel Macron faisait une telle chose aujourd'hui, ce serait la révolution.

De chez moi à l'hôpital, j'ai mis neuf minutes en voiture. Un policier qui contrôlait la circulation m'a reconnu au pont du Garigliano. Il m'a lancé :

— Bon courage !

J'arrive à 7 heures. L'équipe de nuit est dehors. Silencieux, regards vides, café ou cigarette à la main. Lessivés. La nuit a été dure. Plusieurs cas de patients très dyspnéiques. Ils me racontent que, vers 3 heures, une voiture a débarqué devant les urgences, conduite par une femme. À bord, son fils de 8 ans et son mari affalé sur le siège passager, bleu, asphyxique, respirant bruyamment et très vite, paniqué et ne trouvant pas d'air. Par chance un aide-soignant était là, profitant de quelques minutes de repos. Devinant le drame, il s'est précipité, a ouvert la portière et extrait l'homme agonisant de son siège, l'a jeté dans un fauteuil roulant qui traînait, puis l'a poussé au déchoquage vingt mètres plus loin. Toute la scène s'est déroulée en quelques secondes, sous le regard de l'enfant.

Depuis deux jours, un certain Pr Raoult, de Marseille, fait un tabac avec l'hydroxychloroquine qu'il présente comme un traitement miracle. L'anxiété de la population est telle que certains le prennent pour un messie. Son attitude générale et son look font le reste : il est devenu la vedette des médias. Un journaliste de M6 me demande ce qu'il faut en penser. J'ai cherché l'étude mais je n'ai trouvé qu'un travail mal fichu ne s'appuyant que sur une poignée de patients. Ignorant si ce que j'ai lu est bien la fameuse étude mise en avant par Raoult, je reste prudent. « Je ne peux rien dire tant que je n'ai pas lu les résultats et qu'ils n'ont pas été analysés et critiqués par la communauté scientifique. » J'insiste : « Il n'est pas raisonnable de prendre soi-même de la chloroquine. » À la fois parce que ce médicament n'est pas dépourvu de toxicité et parce qu'il ne faudrait pas que les stocks soient dévalisés, mettant en danger ceux qui en ont vraiment besoin comme les patients qui souffrent de lupus.

Une société, Servibio, nous propose des tests sérologiques de diagnostic rapide. J'en ignore la fiabilité. Mais si ça marchait, cela serait bien utile. Pourquoi la DGS ne nous les conseille-t-elle pas ?

Les manifestations de solidarité se multiplient. Beaucoup de propositions de particuliers qui veulent « aider ». Je n'ai hélas pas le temps de répondre à tous. Le gouvernement devrait suggérer aux Français un lieu unique où proposer leur aide. Il y a bien la réserve sanitaire, mais de nombreuses personnes ont frappé à sa porte sans réponse. Que font tous ces fonctionnaires chargés d'organiser les choses ? Beaucoup de sociétés offrent elles aussi leurs services. Le groupe LVMH va fabriquer du gel hydroalcoolique sur ses sites de production. La chaîne d'hôtels West Hotel and Resorts propose de loger des soignants afin de leur éviter les allers-retours éprouvants entre leur domicile et les hôpitaux. Mais on apprend peu après que son personnel a peur et pourrait manifester son droit de retrait. Je commence par ailleurs à recevoir des dizaines de mails de gens qui nous proposent de nous vendre des masques. Je ne sais pas quoi en faire. Il doit y avoir de sacrés loustics dans la masse. Je transmets à la direction.

Un gériatre de Montpellier nous fait part de son expérience. Dans un Ehpad, le premier résident décédé a présenté non pas une insuffisance respiratoire mais une diarrhée. Comme d'habitude chez les patients âgés, la symptomatologie est atypique. Méfiance.

Ce soir, un mail de la virologue Hélène Péré avertit que les écouvillons pour prélèvements nasopharyngés sont officiellement en rupture de stock. Mise en place d'une procédure dégradée avec écouvillon nasal (et non plus nasopharyngé). Même ça.

Vendredi 20 mars

Olivier Véran me téléphone. Il a entendu mon appel sur les masques et m'assure :

— Je vais en avoir !

Sous le sceau du secret, il m'annonce qu'il va essayer de venir sur place pour soutenir l'équipe.

Dans la foulée, j'ai Nicolas Sarkozy au téléphone. Notre première rencontre remonte à 2001. C'était dans son grand bureau de la mairie de Neuilly, juste avant ma première élection municipale. Conseillé par Patrick Devedjian que j'avais convaincu, il m'avait soutenu contre le maire sortant. Le temps et la conduite des affaires publiques nous avaient rapprochés dans une relation de travail : j'étais devenu son vice-président aux Affaires sociales quand il était président du département, son responsable Santé de ses campagnes de 2007, de 2012 et des primaires, et c'est à sa demande que l'UMP m'avait désigné pour être élu député européen en 2009. Depuis les primaires perdues, je le vois épisodiquement, sans ordre du jour, et l'ai parfois au téléphone. Pour le plaisir, chaque fois, d'entendre une magistrale leçon de politique toujours aiguisée, originale et lucide. À droite, et peut-être au-delà, personne ne lui arrive à la cheville. J'ai de l'admiration pour lui et il sait ma fidélité. Sa volonté et ses intuitions m'épatent.

Aujourd'hui il m'interroge sur le sujet du moment : les masques. Il me demande de confirmer que, lui Président, la France disposait de plus d'un milliard de masques en stock. D'ailleurs dans *L'Opinion* Jean-Dominique Merchet date de 2013, c'est-à-dire sous François Hollande, le moment où la réserve stratégique de masques a commencé à fondre. Il est satisfait de ma réponse, qu'il semble partager avec un interlocuteur en face de lui.

Jean-François Delfraissy, le président du Conseil scientifique du président de la République, me confie qu'il pense que nous aurons au moins six semaines de confinement. En prenant en compte l'actuel temps de doublement du nombre de malades, et trois semaines de séjour en réanimation, je lui réponds que désormais, on devrait tabler sur un confinement de plus de deux mois.

Domino's Pizza à La Garenne m'appelle : ils viennent livrer cent pizzas à l'équipe des urgences ce soir. À la guerre, il faut que les troupes mangent.

La gravité de l'état des patients ne fait qu'augmenter. Ainsi de l'homme arrivé en pleine nuit avec sa femme et son petit garçon, intubé in extremis : toujours en réanimation, il est difficile à ventiler et désormais candidat à une oxygénation par membrane extracorporelle (ECMO). Utilisée pour les patients du Covid, l'ECMO consiste la plupart du temps à aspirer le sang à travers une canule insérée dans la veine fémorale, vers une membrane artificielle qui remplace la double fonction pulmonaire d'épuration du gaz carbonique et d'oxygénation du sang, puis celui-ci est ensuite réinjecté par une canule placée dans une grosse veine du cou. Cette technique très invasive est un recours ultime quand la ventilation artificielle ne suffit plus à maintenir le patient en vie. Elle n'est pas dénuée de complications et sa mise en œuvre est limitée par le nombre d'appareils disponibles. En région parisienne, la décision de soumettre un patient à cette technique doit faire l'objet d'un accord collégial, pour mieux répartir les moyens vers les patients les plus susceptibles d'en tirer tous les bénéfices.

En temps normal, nous n'hospitalisons que 20 % des patients qui se présentent aux urgences. Désormais, nous en gardons la moitié dans l'hôpital. Et encore en renvoyons-nous quelques-uns à leur domicile qui sont très fatigués, en leur commandant de revenir au moindre problème ou s'ils ne peuvent être revus le lendemain par un médecin de ville. Et comme on ne trouve plus de masques en pharmacie, quelques-uns d'entre nous leur en remettent deux ou trois dans une enveloppe pour protéger leurs proches. Je ne le dis à personne en dehors du service car il n'est pas prévu que notre dotation aille aux patients.

Les ORL de Lariboisière et de la Pitié signalent une explosion des consultations pour anosmie sévère brutale sans obstruction nasale, et avec troubles du goût, chez les patients Covid-19.

À 20 heures sur TF1 devant les urgences, à propos de la pénurie de masques, je peine à dissimuler ma colère : « Comment a-t-on pu en arriver là ? »

Il est 22 heures quand je parviens à rentrer chez moi. Mes enfants me remettent une enveloppe déposée par un jeune homme qui n'a pas voulu donner son nom. Il m'a vu à la télévision. À l'intérieur, cinq masques chirurgicaux et un petit mot : « Pour vous et votre équipe. Ce n'est pas grand-chose mais c'est tout ce que j'ai. Merci. » Je suis ému et mes enfants aussi. J'aurais bien aimé le serrer dans mes bras. Sans doute la fatigue.

Samedi 21 mars

+ 20 % de patients en réanimation et + 35 % de patients ventilés sous machine en vingt-quatre heures. Ce n'est toujours pas le pic.

Une note de l'ARS évoque la pénurie de lits en réanimation et le risque de ne plus pouvoir y admettre les patients les plus âgés. Comme elle s'est posée en Chine, en Italie ou même plus récemment en France, la question peut s'imposer en Île-de-France. Que dit précisément cette note ? Pas grand-chose, sinon ce qu'on sait déjà : toute décision de ne pas admettre un patient en réanimation doit répondre à deux impératifs, collégialité de la décision et respect des volontés et valeurs du patient. Avec tous les excités qui commencent déjà à menacer la terre entière de procès, chacun devient prudent dans ses instructions écrites. L'affaire du sang contaminé a laissé des traces. Plus direct, un des réanimateurs de l'hôpital me prend à part et me dit carrément :

— Après 70 ans, on ne pourra plus les mettre en réanimation.

« Les », ce sont évidemment les patients asphyxiques.

70 ans.

Comment en sommes-nous arrivés là ?

J'espère qu'il exagère.

Serge Morel, le directeur général du Groupe hospitalier, tente de faciliter nos transferts vers le privé en établissant une liste des numéros directs des établissements privés de santé Ramsay. Les dirigeants de Ramsay sont volontaires pour nous aider. Sur le terrain, c'est parfois plus difficile. Ce matin, un médecin d'une de leurs cliniques a refusé un de nos patients, alors qu'il avait manifestement des lits libres.

J'examine une de mes collègues médecins qui est souffrante. Sa PCR était revenue positive il y a quatre jours. Sa fréquence respiratoire est élevée, à 40 par minute. Mais sa pression artérielle en oxygène est subnormale. Son angioscanner est sans anomalie : ni image en verre dépoli caractéristique du Covid-19, ni argument en faveur d'une embolie pulmonaire. Je suis préoccupé car elle est quand même très tachypnéique et j'ignore pourquoi. Rien ne colle dans ce tableau. Je travaille avec elle depuis quelques mois et, comme tout le monde, j'ai remarqué ses beaux yeux bleus, ainsi que son sourire. Mais là, le bleu est sombre et le sourire est forcé, interrogatif. Elle se concentre sur sa respiration et aimerait que je la rassure. Je lui annonce qu'elle n'a pas d'embolie. Elle se détend un peu. Sans diagnostic évident, j'aimerais toutefois la garder sous surveillance. Comme elle n'a pas d'embolie, elle refuse l'hospitalisation. Les médecins sont les pires des malades. Après quelques palabres, je cède et la laisse rentrer chez elle, en lui demandant de revenir le lendemain. Elle me certifie qu'une de ses consœurs, médecin de l'hôpital, qui est aussi sa quasi-voisine de palier, passera la nuit à son domicile.

Un vieil ami de mon père, âgé de 75 ans, connu pour être en pleine forme, m'appelle. Il est vraiment fatigué. Je lui conseille de venir. Une heure plus tard, il est aux urgences, sur ses pieds, en compagnie de son fils. Il est effectivement très fatigué, et très inquiet. Je le confie à mon assistant. Quand on connaît bien quelqu'un, il vaut mieux s'abstenir de prendre seul les décisions médicales qui le concernent. On l'allonge au déchoquage. Je suis frappé par le fait que sa saturation est déjà très basse, à 90 %, alors qu'il ne se plaint d'aucune dyspnée évidente. Il lui faut quatre litres d'oxygène pour remonter au-dessus de 94 %. Deux heures plus tard, on m'appelle car il s'épuise. La saturation est redescendue à 89 % malgré l'oxygène. Nous augmentons à six litres et la saturation remonte. Mais l'amélioration est de courte durée. Bientôt, la saturation redégringole par paliers malgré l'augmentation répétée du débit d'oxygène. Quatre heures après son arrivée aux urgences, il est à douze litres d'oxygène avec difficilement 93 % de saturation ; nous prenons la décision de le faire admettre en réanimation. Au moment où le brancardier l'emmène, il me souffle de ne pas le laisser tomber. Je lui prends la main et lui souris avant de le confier à mes collègues. À peine sorti de l'unité, je me précipite sur le téléphone pour prévenir sa femme de mes craintes.

Reçu un mail d'encouragements de Yannick Jadot. J'avais souvent travaillé avec lui au Parlement européen, et nous nous étions appréciés.

BFM a envoyé une équipe à l'hôpital puisque je ne vais plus sur les plateaux. Face à Apolline de Malherbe, je conjure les téléspectateurs de rester chez eux. « La situation est devenue très grave. On est dans quelque chose que personne n'avait prévu. Ce virus est une cochonnerie. » Dans les minutes qui suivent l'interview en direct, plusieurs SMS tombent. Des amis me demandent pourquoi je suis alarmiste… J'ai un doute et regrette le mot « cochonnerie », pas très médical. Mais il faut que les gens comprennent. S'ils sont surpris par mes propos, c'est qu'ils s'étaient imaginé que le président de la République a bloqué tout le pays pour une maladie sans gravité… Je me dis que j'ai bien fait de tirer l'alarme une nouvelle fois.

Dimanche 22 mars

Avant de filer à l'hôpital ce matin, je passe par le marché des Vallées à La Garenne. La police municipale filtre l'entrée et les gens sont raisonnables, laissant des espaces entre eux. Malheureusement, personne n'a de masque. J'espère que l'État va bientôt en distribuer à la population. Beaucoup de marques de sympathie de mes administrés.

Certains restent à distance ; peut-être se disent-ils que je suis contagieux.

L'activité continue à monter aux urgences.

Vers 15 heures, le ministre de la Santé nous rend visite. Il me dit qu'il respire, car c'est sa première sortie depuis le confinement. Je n'avais jamais rencontré Olivier Véran. Je ne suis pas dupe de l'objet de sa visite, qui comporte une part de calcul. En prodiguant des marques de sympathie à un opposant, ce que je suis sur l'échiquier politique, on l'étouffe un peu. Il est toujours plus difficile de critiquer un ministre qui a été aimable avec vous. Pourtant, l'homme est réellement sympathique (je veux dire au-delà de la part de courtoisie calculée) et je le crois de bonne volonté. Comment lui en vouloir de cette situation d'impréparation catastrophique dont il vient juste d'hériter ? Il m'explique qu'il a fait commander « des millions de masques et de tests ». La phrase paraît assez puérile, ça ne veut rien dire. Il y a dix ans, lors de la crise du H1N1, Roselyne Bachelot avait fait un stock de près de deux milliards de masques. Alors, que signifient « quelques millions » ? Je lui réponds, en aparté pour n'être pas désagréable, qu'on nous dit ça depuis des semaines. Il me répond « Si, si, si. Je t'assure » – le tutoiement est quasi immédiat en politique. Il ajoute qu'une équipe dédiée vérifie à longueur de journée toutes les propositions dont nous sommes désormais abreuvés, nous offrant par mails ou SMS de nous fournir des masques par dizaines de milliers. Hommes d'affaires, philanthropes, escrocs, comment savoir ? Avec ma casquette de maire, je lui signale que les polices municipales n'ont pas le droit de verbaliser les infractions au confinement et qu'il nous est impossible de faire régner l'ordre. Il me dit que ça va se régler.

Pour Carl Meeus, du *Figaro*, que j'ai au téléphone, nous sommes des héros. Je lui réponds que nous faisons simplement notre travail.

— Avez-vous peur ? me demande-t-il.

— Non.

Le devrais-je ?

En fin de journée, la DGS nous informe que l'agueusie est un des signes cliniques de la maladie. Nous le savons depuis trois jours.

Le nombre de contaminés parmi les équipes soignantes croît chaque jour. Ce soir, nous en sommes à 490, uniquement pour l'AP-HP. D'abord les médecins (32 %), puis les infirmiers (15 %), les techniciens de laboratoire (11 %) et les aides-soignants (8 %). Quand on rapporte ces chiffres au nombre de professionnels de chaque branche, on note une surreprésentation des médecins et des techniciens de laboratoire. Trois des contaminés sont en réanimation. En Chine, 43 % du personnel soignant des hôpitaux de l'épicentre de l'épidémie à Wuhan avaient été contaminés.

Le soir, nous apprenons la mort du Dr Jean-Jacques Razafindranazy, urgentiste à Compiègne, premier médecin français décédé du Covid-19 contracté dans l'exercice de son métier.

Dans le service, tout le monde se résigne à l'idée d'être contaminé. Je tousse depuis hier ; Isabelle Vassor est crevée.

Si nous sommes positifs, il faudra nous arrêter de travailler. Nous ne pouvons pas nous le permettre. Nous décidons donc que nous ne nous testerons pas, sauf impossibilité physique de travailler. En contrepartie, nous redoublons de précautions vis-à-vis des autres. Je vis avec un FFP2 et un tonneau de gel hydroalcoolique.

Lundi 23 mars

Selon le syndicat MG France, trois médecins sont morts ce week-end à cause du Covid. Un urgentiste, un gynécologue obstétricien et un médecin généraliste dans le Grand-Est. Les pompiers de Paris ne sont pas épargnés : 14 cas confirmés et 120 cas suspects.

Depuis deux jours, discussions vives dans les médias sur l'intérêt du Plaquenil, poussé en avant par le Pr Raoult de Marseille. Comment prescrire à l'aveugle un médicament dont l'efficacité n'est pas prouvée ? C'est la conclusion de la réunion quotidienne de 13 heures qui réunit l'administration et les principaux acteurs médicaux de l'hôpital. L'infectiologue David Lebeaux annonce que deux essais cliniques vont débuter. L'un, Corimuno, évaluant les anti IL6R. L'interleukine 6 est une protéine impliquée dans la propagation de l'inflammation au cours du Covid, et le blocage de son récepteur – l'IL6R – pourrait limiter la gravité de la maladie en bloquant son action. Et l'autre, Discovery, évaluant différents antiviraux dont l'hydroxychloroquine. David souhaite que nous rédigions un document qui précise les indications de l'hydroxychloroquine en dehors d'un essai clinique. Avec raison, il met en garde contre les risques de pénurie. La vérité est que nous n'avons aucune preuve de l'efficacité de ce médicament, mais que la pression devient très importante, en particulier venant des malades et des familles. Certains plaident pour que les patients aient le libre choix.

J'interroge par SMS Olivier Véran et Martin Hirsch : qu'en pensent-ils ? Olivier Véran me répond qu'il a demandé en express un avis d'expert à la Haute Autorité de santé. Martin Hirsch est plus expéditif : « On ne va pas faire n'importe quoi en prescrivant un médicament sans preuve. » Il a raison. Mais, sur le front, tout le monde parle de ce médicament miracle.

Concernant l'hydroxychloroquine, la question du stock pourrait devenir centrale. Il serait dramatique, dans l'hypothèse où le médicament serait efficace, qu'on n'en ait pas assez pour en prescrire massivement. Un contact à l'Élysée me fait savoir qu'il y en aurait pour les 66 millions de Français. Je demande si ce serait aussi vrai pour les 450 millions d'Européens… Pas de réponse. Chacun pour soi.

Un magnétiseur veut m'apporter son aide pour les patients avec des symptômes pulmonaires. D'après son mail, il lui suffit du nom, du prénom et de l'âge du patient. Ensuite, il se met en communication téléphonique avec un personnel de santé qui doit déposer une main sur la partie médiane du sternum pendant dix minutes. Il me promet des résultats sous quarante-huit heures. Les propositions farfelues se multiplient. Il est certain qu'un certain nombre de Français, apeurés, risquent de se faire abuser. Le gouvernement lui-même n'était-il pas allé prier à Notre-Dame en mai 1940 pour demander au ciel d'intercéder en faveur de l'armée française en déroute, avec le succès que l'on sait ? Que font les autorités, qui devraient mettre en garde la population contre ces escrocs ?

Apparemment, certains collègues ne doivent pas voir beaucoup de patients car ils ont du temps pour imaginer, écrire et réaliser beaucoup d'essais cliniques. Encore trois propositions aujourd'hui. Cette épidémie aura au moins servi à gonfler les listes de travaux. Aux urgences, pas le temps pour les essais cliniques et pour accroître nos publications. Les patients se bousculent.

À 18 heures, je suis à la mairie. Je réunis les bénévoles qui vont arpenter la ville. Chacun est responsable d'environ 300 adresses. Chaque jour, ils devront frapper à un certain nombre de portes pour dépister les gens en difficulté et faire remonter l'info à notre centre d'appels. Notre cible principale : les plus âgés, les malades, les handicapés, les grands isolés. J'ai proposé aux nouveaux membres du conseil municipal de participer mais il y a aussi de simples Garennois qui se sont portés volontaires. La plupart de mes colistiers ont répondu présents, ainsi que les sortants qui n'avaient pas été candidats. Tous les conseillers municipaux de gauche sont là, en particulier leur tête de liste Anne-Gaëlle Courty. En revanche, les membres de la liste En Marche manquent à l'appel. Je suis fatigué de ces gens qui portent les mots

« solidarité » et « vivre-ensemble » en étendard, mais disparaissent dès qu'il faut donner de soi.

À 20 heures, le Premier ministre parle à la télévision. Il annonce que de nouvelles règles vont être publiées concernant les mesures de sécurité dans les marchés. Seuls les « marchés ouverts » seront autorisés. Encore une instruction qu'on apprend en regardant la télévision : où sont l'État et son préfet ? Croient-ils qu'on peut gérer une commune en prenant ses instructions sur BFM ? Et puis je suis las de ces imprécisions : qu'est-ce qu'un « marché ouvert » ? À La Garenne, nous avons deux marchés : un surmonté d'un toit et l'autre fermé mais avec de très nombreuses portes, et avec des commerçants qu'on peut placer dehors. Encore des règles floues décidées par des technocrates qui n'ont jamais mis les pieds dans un marché ou une mairie. Alors, que fait-on ? Doit-on fermer ? Je regarde mes adjoints présents et mon directeur général des services, tous trois assis dans mon bureau. Personne n'a rien compris.

Il est 22 heures quand j'arrive à la maison. Les amis de mes filles, Aurélien, 27 ans, toujours souriant et prêt à aider, et Benoît, 26 ans, concentré et rigolard à la fois, jouent à FIFA sur la console. Ils ont passé la journée en télétravail, répartis dans les différentes pièces de la maison. Pour me laver la tête, je m'invite dans leur partie. Comme ils sont bien meilleurs que moi, on décide qu'ils feront équipe ensemble et que je jouerai seul. Je leur cite Foch : « J'ai beaucoup moins d'admiration pour Napoléon depuis que j'ai commandé une coalition. » Autrement dit, j'ai en théorie plus de chances de les battre si je joue seul contre eux deux. Nous jouons depuis dix minutes et ils mènent déjà 2-0 quand je reçois un coup de fil de Guillaume Fons, qui est ce soir le médecin de garde.

— Patron, c'était juste pour vous dire que depuis deux heures on prend cher.

— Cette après-midi, c'était chaud, mais ça passait pourtant ?

— Oui, mais là ils se sont tous donné rendez-vous. C'est une vraie vague qui déferle aux urgences. J'ai compté : un patient chaque minute depuis une demi-heure.

Sont-ils paniqués ? Avec Touria, la cadre infirmière, ils m'assurent qu'ils vont quand même y arriver. Le problème est plutôt dans les capacités d'hébergement de l'hôpital : il n'y a plus que cinq lits disponibles dans le secteur où on hospitalise les gens suspects de Covid-19 en attendant le résultat de la PCR. On a baptisé cette unité « sas ». Je leur dis de me rappeler si ça coince et je viendrai. Je raccroche. J'appelle la directrice de garde, Stéphanie Triniol, et lui dis qu'on ne s'en sortira pas sans une deuxième unité hospitalisation : j'en ferai officiellement la demande demain. Je m'écroule sur mon lit. Je ne suis même pas certain d'avoir entendu ce qu'elle me disait à la fin de notre entretien.

Mardi 24 mars

Je quitte la maison à 7 heures. France Info m'apprend que le décret du Premier ministre a été publié cette nuit. D'après le journaliste, tous les marchés sans exception doivent fermer.

Cela contredit les déclarations d'Édouard Philippe hier soir à la télévision. J'avais bien entendu le Premier ministre annoncer que seuls les marchés couverts fermeraient. En une nuit, il a changé d'avis. Est-ce de l'amateurisme ? De la panique ? Du coup, je dois faire fermer le marché des Vallées que j'avais autorisé partiellement. Tout en conduisant, j'appelle la police municipale afin qu'elle demande aux commerçants de remballer. En voiture toujours, j'ai Arnaud Robail au téléphone. Arnaud est un de mes adjoints à la mairie. Il est surtout un vieil ami. Son père, qui a été lui-même élu il y a vingt ans, est en train de mourir à l'Ehpad de la Tournelle. Arnaud a pu le voir hier. Il n'est plus conscient. Il ne souffre pas. Il est sous morphine. Je lui dis de récupérer un masque à la mairie pour pouvoir se rendre auprès de lui de nouveau. D'après Arnaud, l'Ehpad est dépourvu de matériel de protection individuelle. En conduisant, j'envoie un SMS à Laurent Montagnon pour lui demander de faire le point sur les stocks de matériel des établissements de personnes âgées de la commune. Combien de masques avons-nous en stock ? Et combien peut-on leur en donner ?

Je m'aperçois que j'ai reçu un message à 6 heures ce matin d'Anne de Bellabre, une ancienne conseillère municipale maintenant installée dans la Sarthe. Elle m'informe que son fils handicapé, habituellement hébergé dans un établissement privé spécialisé à La Garenne, a débarqué chez elle hier. Elle tire la sonnette d'alarme. Selon son enfant, les deux concierges, peut-être malades, auraient déserté, laissant les pensionnaires à l'abandon. Comme je suis arrivé à l'hôpital, je gare ma voiture et j'appelle le Dr Xavier Pinta qui est conseiller municipal et médecin généraliste à La Garenne.

Il s'y rendra ce matin pour faire le point. Je ne sais pas dans quel état on retrouvera les pensionnaires s'ils sont seuls depuis quelques jours.

Tout craque.

Il est 7 h 30. La journée commence.

Sur mon bureau m'attendent les indicateurs quotidiens. En Île-de-France, on note une augmentation majeure du nombre de patients en réanimation. Nous pouvons être débordés à tout moment. Dès lors, l'objectif est simple : ouvrir des lits de réanimation partout où c'est possible. Nous aurons besoin de tout le monde. C'est dans le 93 que la situation est la pire, avec de nombreux patients dont l'état se dégrade très vite dès leur arrivée aux urgences.

Je reçois un appel d'une infirmière scolaire de Mulhouse. Elle affirme qu'avec cent de ses collègues du département, elle est disponible pour aider.

— Nous sommes honteuses d'être à la maison.

Le rectorat répond : « Patientez, il vous faut un cadre juridique. Ça va venir. » Et depuis trois semaines, rien ne vient. Cent infirmières disponibles dans le Grand-Est pour nos hôpitaux alors que partout nous manquons de troupes ! Cette histoire est folle. Symbole d'une administration centralisée, dépassée et terrorisée. J'imagine bien les problèmes juridiques et de responsabilité que cela pose de faire travailler des infirmières scolaires à l'hôpital. Mais à la guerre comme à la guerre. La situation commande de faire preuve d'agilité. Nous sommes dirigés par des sous-chefs apeurés qui ne veulent assumer aucune responsabilité. Pauvre France.

Les relations se tendent entre les services de l'hôpital. Sans doute l'effet de la fatigue. Un incident trouve son origine dans la diffusion aux médecins de l'hôpital d'un protocole de traitement à appliquer aux patients dès leur passage aux urgences, rédigé par quelques collègues d'autres services. Le protocole remet en cause nos propres protocoles d'antibiothérapie, auxquels nous sommes rompus. Certes, pourquoi pas en changer ? Mais je m'irrite qu'aucun urgentiste n'ait été associé à sa rédaction alors que c'est bien par les urgences que la totalité des patients entre dans l'hôpital. Nos habitudes sont sans doute perfectibles mais j'aurais souhaité avoir une discussion médicale plutôt que de recevoir une instruction ex abrupto. Je proteste donc. D'autant que je suis en désaccord avec certains choix. J'en profite pour remettre sur la table la question du Plaquenil, l'autre nom de l'hydroxychloroquine. Clairement, nous n'avons aucune preuve de son efficacité et les médecins chinois que nous avons eus hier par téléconférence ont insisté sur sa toxicité cardiaque. Mais, comme le suggère le ministre de la Santé lui-même, je veux que nous nous posions collectivement la question de sa prescription. Sinon, chacun risque d'appliquer sa propre recette, ce qui serait la pire des situations pour les malades. Il faut une décision collégiale. Mais qui dit collégialité dit discussion… Pour ma part, je plaide pour que les patients qui ne participent à aucun essai clinique et qui désirent absolument recevoir du Plaquenil puissent s'en voir prescrire après information. S'ensuivent quelques échanges de mails affûtés, où chacun donne et reçoit des leçons. Je ne suis pas en reste. Emmanuel Guérot est un collègue réanimateur que j'avais connu à Boucicaut en premier semestre d'internat. Depuis quelques semaines, ses qualités humaines en ont fait notre directeur médical de crise. C'est le type d'homme qui, dans une tempête, pourrait continuer à tenir tranquillement la barre tout en commandant le colmatage de dix voies d'eau. Là, il joue les diplomates et j'ai finalement le plaisir de voir arriver dans mon bureau, dès le lendemain, mes collègues qui avaient rédigé le protocole d'antibiothérapie dont on m'assure maintenant qu'il n'était qu'un premier jet avant discussion avec les urgentistes…

Le Pr Christophe Cellier, mon collègue de gastro-entérologie, transforme aujourd'hui son service en seconde unité sas. Il nous rapporte de grandes difficultés logistiques pour transférer des patients dans des cliniques privées : deux heures pour organiser un simple transfert vers l'hôpital Jacques-Cartier à Massy. L'enjeu est pourtant majeur : nous devons pouvoir facilement occuper tous les lits, publics et privés.

Heureusement, les relations avec le privé sont parfois plus faciles : la clinique du parc Monceau va nous prêter trois respirateurs de réanimation et de nombreuses seringues électriques.

Mercredi 25 mars

J'arrive à 6 h 30. En cette fin de nuit, nous comptons dix-huit SDF qui sont venus trouver refuge aux urgences. Toutes les urgences de France abritent les SDF quand il fait froid. Cela fait partie de nos missions non dites, non reconnues et même niées. Il n'y a aucun financement ni locaux prévus pour cette activité naturelle. Quand il pleut, vente, neige, où peuvent aller les SDF ? Dans les centres d'hébergement ? Ils sont souvent pleins. Et y règne parfois, nous disent-ils, une violence qui dissuade de s'y rendre. Les urgences sont les seuls lieux publics ouverts tous les jours de l'année, nuit et jour et sans interruption. Alors, ils se mettent à l'abri chez nous. C'est notre honneur, mais c'est également une vraie difficulté puisque rien n'est organisé pour. Hypocritement, les autorités ont toujours ignoré la question. C'est à nous de nous débrouiller. Or la cohabitation est parfois difficile entre SDF et patients et familles dans la salle d'attente, et même avec les infirmières et médecins. Nous avons des bagarres, de la saleté, des injures. À Pompidou, nous demandions depuis des années qu'une solution soit trouvée, en ouvrant une salle dédiée pour la nuit. Cela avait été finalement obtenu pendant quelques mois, jusqu'à ce qu'une nouvelle population de grands malheureux ne fasse son apparition la nuit : les familles à la rue avec enfants. La présence des enfants interdisant la cohabitation avec les SDF, la salle dédiée aux SDF était devenue réservée aux familles. Les SDF étaient revenus dans la salle d'attente des urgences, et nous à la case départ. Or dès que le Covid a montré son nez, il n'a plus été possible de garder les SDF dans les urgences. Outre le fait que les problèmes posés par leur présence n'avaient pas disparu, nous avions à prendre en compte le risque de contamination. Aussi depuis un mois dorment-ils dans le grand hall de l'hôpital. La solution n'est pas idéale. Sans surveillance, on en retrouve régulièrement quelques-uns dans les chambres vides de l'hôpital et même dans les chambres de garde. Habituellement, ils sont au maximum dix, ce qui est déjà compliqué à gérer pour les équipes de nuit fort occupées avec les patients. Mais dix-huit, ce matin, c'est considérable. Sans doute est-ce un effet de la fermeture de centres d'hébergement. Le confinement est catastrophique pour les plus pauvres, et qui s'en préoccupe ? Il va falloir faire avec.

Message de Martin Hirsch : « Les jours qui viennent vont être cruciaux. » Il aurait pu dire « L'orage approche », d'après le titre d'un des volumes des Mémoires de Churchill.

Franck Zinzindohoue, professeur de chirurgie viscérale, fait remarquer à juste titre que l'étude du Pr Raoult, sur laquelle tout le monde s'écharpe, est biaisée. Dans le groupe de vingt-six patients traités, six sont « perdus de vue », et exclus de l'analyse statistique. Or, dans ces six malades, il y a trois transferts en réanimation et un décès. Clairement, en les retirant du groupe qui a reçu l'hydroxychloroquine, on améliore les résultats en faveur de ce médicament. Il souligne en outre qu'un des signataires est le rédacteur en chef de la revue qui publie l'article…

Nous recevons aux urgences monsieur F. Il a 85 ans. Il est professeur d'université et membre de plusieurs sociétés savantes. Il est spécialiste de Pindare, comme Demolder dans *La grande illusion*. En parfait état général et très actif, il a commencé à ressentir une grande fatigue il y a une petite semaine. À l'examen, il a tous les symptômes du Covid : il a perdu le goût et l'odorat, et son auscultation pulmonaire révèle des râles crépitants des deux champs pulmonaires. Les râles crépitants sont des bruits discontinus, fins, secs, semblables au bruit de pas dans la neige. On les cherche en fin d'inspiration et ils témoignent de la présence de liquide dans l'alvéole pulmonaire. Le scanner thoracique confirme l'existence de nombreuses images bilatérales à l'aspect du verre dépoli caractéristiques de la maladie. Mais ce qui frappe, c'est son extrême fatigue. Il me dit qu'il n'a jamais vécu pareille épreuve. Même mon interrogatoire, pourtant simple et court, a été difficile à terminer tant il est épuisé. Il a besoin d'oxygène, deux ou trois litres seulement, ce qui est peu. Cependant, l'importance des lésions scanographiques et le fait que la maladie entre dans la seconde semaine nous font craindre une mauvaise évolution. Il est possible que la question de l'admission en réanimation se pose dans les prochaines heures. Les patients âgés se fatiguent vite en cas d'hypoxémie. J'ai en tête les paroles du réanimateur concernant les admissions après 70 ans. Simon Audibert, qui est l'un des jeunes médecins du service, a examiné monsieur F. et est en discussion avec lui. Ils évoquent le risque d'aggravation, et l'éventualité de devoir le soumettre à la ventilation artificielle, quand je les rejoins dans la salle de déchoquage où nous l'avons allongé en attendant de lui trouver un lit. Non, nous dit-il, il n'aimerait pas être admis en réanimation. Il ne se voit pas dans le coma artificiel, avec des machines qui suppléeraient ses fonctions physiologiques. Il a été bien servi par la providence et ne veut pas finir comme un objet maintenu artificiellement en vie.

J'ai souvent, dans ma carrière, participé à de telles discussions. Ce sont toujours des moments d'une gravité extrême où se règle l'essentiel. Un homme ou une femme décide librement qu'il ou elle n'ira pas plus loin à tout prix. Non par volonté d'en finir : il ou elle veut guérir, mais pas à n'importe quel prix. Encore aujourd'hui et malgré toutes ces années et tous ces exemples, je ne suis pas certain que j'aurai la même force le jour venu. Je serais plutôt comme la Du Barry sur l'échafaud : « Encore une minute, monsieur le bourreau. »

L'homme qui est en face de nous a l'air calme des déterminés. Il ajoute toutefois une condition. S'il souhaite ne pas être hospitalisé en réanimation, il veut qu'on lui garantisse trois jours pour parler avec ses trois fils.

Que peut-on faire de trois jours avec ses trois fils ? Prodiguer ses ultimes conseils. Accomplir des choses simples comme dire tout ce qu'on ne prend jamais le temps de dire, ou pas assez, dans une vie. « Je t'aime », par exemple. Mettre à plat des difficultés ou des ambiguïtés qu'on n'a jamais résolues. S'immerger dans l'autre. Le toucher, le sentir. Je me souviens que j'avais pris dans mes bras mon père dans ses derniers jours et lui répétais à l'oreille que je l'aimais. Toutes choses que je ne me souvenais plus d'avoir faites, par pudeur, depuis mon enfance. À ma grande surprise, lui qui était déjà ailleurs depuis des mois m'avait répondu distinctement : « Moi aussi. »

— Trois jours, docteur, vous m'avez bien compris. Le contrat, c'est ça. Il le répète en me fixant dans les yeux pour être certain d'avoir été compris : J'ai besoin de trois jours.

— Vous les aurez, monsieur, lui dis-je avant de sortir. Quelle intensité.

Alors que nous avons intérêt à transférer le maximum de patients dans le privé pour éviter d'être débordés, je reçois une nouvelle proposition d'un collègue qui veut à tout prix profiter de l'épidémie pour publier. Il propose qu'on ne transfère pas dans un autre hôpital les patients susceptibles d'être inclus dans un essai clinique. Outre la difficulté de prendre cet élément en compte quand on est le nez dans le guidon, une telle mesure pourrait poser un problème éthique. Après tout, si l'on considère que c'est une chance d'être hospitalisé à Pompidou, on réserverait alors cet avantage à ceux qui accepteraient de se prêter à la recherche clinique. Et ceux qui ne le souhaiteraient pas, comme ils en ont le droit, seraient transférés… Je préfère ne pas répondre.

Serge Morel m'annonce que le groupe privé Ramsay arme 150 lits de soins critiques supplémentaires en Île-de-France sous quarante-huit à soixante-douze heures maxi. Un mail nous sera envoyé chaque matin pour nous indiquer les lits disponibles. Il me met dans la boucle.

Détail morbide. Cette nuit est décédé du Covid un patient de 230 kg. Il faut une housse très large et la chambre mortuaire n'en a pas. On me dit qu'ils se sont débrouillés avec deux housses. J'ai de l'admiration pour les agents qui travaillent en chambre mortuaire. Ils sont parmi nous ceux qui sont le plus en contact avec la douleur des proches. Détresse encore aggravée par la décision des autorités sanitaires qui empêche les familles de se recueillir devant leur défunt après leur avoir déjà interdit les visites durant l'hospitalisation, les privant d'un dernier moment avec l'être aimé. Qui sont ceux qui prennent ce type de décision ? Savent-ils qu'on peut se dire des choses essentielles en trois jours ?

Jeudi 26 mars

Les journées commencent tôt et finissent tard. Je suis très sollicité par les médias. J'ai décidé depuis le confinement de limiter les interviews. Trop de travail, il faut rester concentré. Je crois pourtant important d'informer les Français. Le gouvernement a une communication catastrophique qui nuit à la lutte contre le virus. Comme il enchaîne les couacs et les contradictions, nos compatriotes doutent, et leur acceptation des mesures contraignantes peut en souffrir. C'est bien sur eux et leurs efforts que repose le succès du confinement. Leur vie, leur travail, leurs habitudes, leur quotidien, leurs relations amoureuses, familiales ou amicales sont bouleversés. Et il faut qu'ils l'acceptent. Sans information claire, ce n'est pas possible.

Questions à régler :
– les patients ;
– dizaines de mails à trier ;
– collègues sans patients qui multiplient les propositions d'études et d'essais cliniques ;

– études scientifiques à lire ;
– organisation du service ;
– moral des troupes ;
– relations avec l'administration, l'hôpital et les établissements voisins.

Le seul point positif est que nous n'avons plus aucun problème pour faire hospitaliser nos patients. Avant, comme tout urgentiste, je passais des heures à supplier les services d'accepter nos malades. Il n'y a plus de longues négociations. Tous ceux qui doivent être hospitalisés le sont, quel que soit leur âge, et facilement parce que la majorité des lits de l'hôpital est désormais consacrée aux malades du Covid-19, c'est-à-dire à nos patients.

L'activité des urgences a beaucoup baissé en nombre de patients accueillis. Il n'y a quasiment plus de traumatologie. Mais nous avons beaucoup plus de travail car la charge d'un seul patient atteint du Covid-19 vaut trois à quatre fois celle d'un autre malade, du fait des mesures d'isolement, lourdes et chronophages, à mettre en œuvre.

Je profite d'un moment pour rendre visite à monsieur F. dans l'unité sas où il a été hospitalisé hier en attendant le résultat de sa PCR. Je retrouve son visage bienveillant et souriant en dépit de difficultés respiratoires qui se sont aggravées cette nuit. Il me reconnaît malgré mon masque. Il a discuté cette nuit avec deux de ses fils et a l'air apaisé. Je le trouve néanmoins très diminué. Le souffle est court et les phrases hachées. Il a soif. Il est si fatigué qu'il n'est pas parvenu à appuyer sur la sonnette pour demander de l'aide. Je remplis un verre en plastique d'eau fraîche que je vais chercher dans la glacière. Je le lui porte à la bouche et il boit deux gorgées en se confondant en excuses.

— Vous avez d'autres choses à faire.

S'il savait le bien que me fait cette eau qu'il avale. De nouveau, j'approche le verre de sa bouche. Il le saisit goulûment avec ses lèvres et avale deux autres gorgées. Une quinte de toux l'interrompt, qui a du mal à cesser. J'arrête de le faire boire. Son état s'est vraiment dégradé. En témoignent ses gaz du sang qui indiquent que ses échanges gazeux se font plus difficilement. Et les douze litres d'oxygène par minute dont il a besoin à travers un masque à haute concentration. Je lui prends la main et lui demande s'il a besoin de quelque chose de particulier. Il me répond non de la tête. Je ne veux pas le fatiguer plus et le quitte en lui disant que je reviendrai le voir. En redescendant aux urgences, je passe un coup de fil à son fils aîné, qui est un célèbre auteur de romans. Je lui dis mon inquiétude et le prépare au pire. Je comprends que le troisième fils vit à l'étranger et n'arrivera que demain. J'ai peur que ce soit trop tard.

Des patients font des thromboses et des embolies pulmonaires, leur coagulation est déréglée. Je me souviens d'un des premiers patients décédés en France. Diagnostiqué dans l'Oise, il était mort d'embolie pulmonaire dans un hôpital parisien. Les commentateurs s'étaient rassurés en affirmant qu'il n'était pas mort du virus. En fait probablement si, puisque l'embolie pulmonaire est une des conséquences directes de l'infection. David Smadja, hématologue, propose de lancer un essai clinique afin de prouver qu'il faut anticoaguler les patients très largement. Je suis d'accord avec lui. Les anticoagulants sont certainement une des armes contre le virus, probablement plus efficace que tous les antiviraux médiatiques actuels.

Les visites sont désormais interdites pour tous les patients en réanimation et en hospitalisation Covid-19. En cas de prise en charge palliative, une seule personne est autorisée par jour, de façon très encadrée sur le plan de l'hygiène. En cas de fin de vie imminente, les visites redeviennent autorisées, mais limitées à une seule personne à la fois. Quand les patients décèdent de façon inopinée, les familles n'ont parfois pas pu les voir. Ne pas avoir le temps des derniers instants : c'est sans doute ce qu'on peut imaginer de pire dans la mort. Ne pas pouvoir dire au revoir, ne pas pouvoir tenir la main. Il n'y a plus que les soignants pour le faire, quand ils en ont le temps. Moi, quand le grand moment sera venu, j'aimerais que quelqu'un que j'aime me tienne la main et m'embrasse.

À l'AP-HP, on assiste à une saturation des lits de soins critiques dans certains hôpitaux. Des patients de Bichat ont été transférés chez nous. Plus ennuyeuses sont les estimations évaluant à 25 % le nombre des malades positifs accueillis dans un lit de médecine et qui vont relever de soins critiques dix jours après leurs premiers symptômes. Si c'est vrai, cela va être compliqué. À Necker, hôpital pédiatrique, on commence à réfléchir à basculer des unités pédiatriques en unités adultes. À Pompidou, on continue à ouvrir de nouveaux lits de réanimation pour le Covid-19, en réanimation chirurgicale et en salle de réveil. Et après ? Où les mettrons-nous ?

Cette saturation des lits de réanimation est le cœur de la crise. Nous devons à tout prix éviter d'avoir à laisser un patient à la porte de la réanimation. Ou pire, d'avoir à extuber un malade en le laissant courir un risque mortel, pour faire de la place à un autre. Comment faire ? Il y a une solution mais elle demande de la volonté. Au Vingt Heures de France 2, j'appelle au transfert massif des patients des réanimations du Grand-Est et d'Île-de-France vers les régions moins touchées, en France mais aussi ailleurs en Europe. Les autorités doivent rapidement organiser un pont ferroviaire et aérien. Le transfert de ces malades est périlleux. Mais un plus grand péril serait de se retrouver sans aucun lit disponible. Il y a un an, quand je siégeais au Parlement européen, j'avais eu une discussion avec Michel Barnier. J'avais plaidé pour qu'on prépositionne quatre ou cinq trains sanitaires dans l'Union européenne. L'avantage des trains, c'est qu'ils vont partout. En les postant aux quatre coins cardinaux de l'Europe et en son centre, on donnerait aux pays de l'Union une capacité immédiate de transferts de patients ou de blessés en cas d'attentat, d'accident industriel majeur ou d'événement comme celui que nous vivons. Au moment des attentats à Bruxelles, la Belgique avait été au maximum de ses capacités sanitaires. Un attentat supplémentaire, et il aurait fallu envoyer massivement les patients vers la France, le Luxembourg, l'Allemagne et les Pays-Bas. Avec quoi ? Rien n'était prévu pour des transferts massifs. Malheureusement, aujourd'hui nous ne sommes pas plus avancés. Le seul à avoir expérimenté quelque chose est le Pr Carli, patron du Samu de Paris. Il y a un an, il avait organisé un exercice entre Paris et Metz, consistant à transporter des (faux) blessés dans un TGV non équipé, fauteuils en place. Mon idée était différente : des trains complètement transformés en hôpitaux de campagne mobiles. Que coûteraient cinq malheureux trains dans le budget de l'Union ? En plus, il suffirait de prendre des wagons retirés du service. Mon appel est relayé par le Pr Bruno Riou, directeur médical de crise de l'Assistance publique. Il est le plus brillant des anesthésistes réanimateurs et urgentistes de sa génération. Sa parole est claire : il ne faut pas reproduire ce qui s'est passé dans l'Est où les évacuations ont été trop tardives.

Quelques trains sanitaires ont commencé à transporter quelques malades dans des régions épargnées, mais au prix d'efforts incroyables. Tous ceux qui y ont participé ont témoigné que des chefs et sous-chefs tatillons ont gêné toute l'opération. Le directeur général d'un grand CHU de France rapporte, dans un mail adressé à ses collègues, ces intolérables obstacles administratifs :

> L'expérience […] montre qu'il a été nécessaire de parlementer très durement quatre jours avant que l'utilisation d'un train pour transporter un grand nombre de malades soit acceptée par le ministre, l'ARS n'étant pas chaude […]. Et pour [le train] suivant, j'ai utilisé, pour remonter tous les paliers, une voie non orthodoxe. Cette perte de temps et d'énergie, déjà agaçante en temps normal, peut être un élément de perte de chances.

Il montre comment la crise pâtit de l'hypercentralisation des décisions :

> L'organisation de transferts interrégionaux, dont l'urgence est absolue [...], semble aussi nécessiter au niveau national plusieurs étages d'arbitrage (Matignon, Élysée... ?). Ce qui est à l'exact opposé de la gestion d'une situation de crise d'urgence. Une simplification, une diminution du nombre de niveaux, une prise de décision plus proche des acteurs de terrain, un lien direct entre le terrain et les échelons nationaux permettraient gain de temps et d'efficacité.

Trop lent, trop peu, trop tard.

Comme Bruno Riou, je sais qu'une stratégie de transferts, même bien menée, ne correspond qu'à un relativement faible nombre de places de réanimation libérées par rapport à celles qu'il faut de toute façon créer. Mais ce nombre peut être déterminant quand on est sur une ligne de crête. Et elle s'approche. Tout peut se jouer à quelques lits.

On cherche partout des respirateurs pour armer les nouveaux lits de réanimation. Il existe un stock régional de 442 respirateurs Osiris, malheureusement impropres pour ventiler au long cours les patients. Des experts travaillent à leur adaptation. L'ARS de l'Île-de-France, sous la direction de l'efficace Aurélien Rousseau, a demandé à l'ensemble des Samu que les Smur prêtent leurs appareils les plus perfectionnés aux réanimations en les remplaçant par des Osiris. Cela pourrait en faire 80 de plus. Les services vétérinaires ont déjà ramené 37 respirateurs supplémentaires. Des commandes – mais de quoi ? – seraient en cours de livraison. Évidemment, il y a le matériel, mais il faut également du personnel. Pourquoi ne sonne-t-on pas le tocsin en Europe ? En faisant appel à la solidarité européenne, on pourrait se faire aider par des médecins réanimateurs et les infirmiers spécialisés venant de zones non touchées de l'Union.

On nous annonce une commande nationale de 300 000 surblouses. Je ne connais pas la consommation quotidienne en France : cela sera-t-il suffisant ? Un recensement des housses mortuaires est aussi en cours au plan national.

Une bonne nouvelle émerge dans cet océan de difficultés. Bertrand Tavitian, de l'Inserm, a eu l'idée d'utiliser des imprimantes 3D pour imprimer des visières de protection pour les soignants. Anne-Laure Gaultier, qui est radiologue et qui travaille avec lui, vient nous en faire la démonstration. Il faut vraiment protéger les soignants. J'en demande le plus possible !

Le soir sur France 2, émission spéciale sur l'épidémie. Je me place dans mon bureau devant mon iPad. Je suis en pyjama de bloc et blouse. Derrière moi, il y a des livres. Je veille à retirer celui de Fabrice Lhomme et Gérard Davet sur François Hollande. Lors d'une récente interview, il était visible et on me l'avait reproché. L'émission a lieu en présence d'Olivier Véran et est présentée par Léa Salamé et Thomas Sotto. Je réitère mon appel : « On doit massivement transférer nos patients. Il faut un pont aérien. Il faut aller plus loin que ce qui a été fait. Profitons d'appartenir à l'Union européenne : transférons les malades dans toute l'Europe. Il est temps de changer de braquet. » On m'interroge sur les Ehpad et je dis mon inquiétude sur ces lieux abandonnés : « Il faut tester l'intégralité des personnes résidant en Ehpad et séparer ceux qui sont positifs de ceux qui sont négatifs pour casser les chaînes de contamination. » Dans ces maisons pour personnes âgées, il faut par ailleurs beaucoup de monde pour donner les repas, laver, administrer les médicaments. Mais ce qui m'effraye le plus est l'extrême solitude de résidents claquemurés dans quinze mètres carrés. C'est la prison sans les droits de visite ni les promenades. On va mourir de solitude. On aurait dû autoriser les visites des familles en prenant toutes les précautions nécessaires : lavage des mains, masques, blouses… Hélas, le pays est tellement dépourvu de tout que ce n'est pas possible. Une solution serait d'affecter beaucoup de personnel dans les Ehpad. Où le trouver ? Dans la réserve sanitaire, qu'il faut injecter là en large part.

C'est dans cette émission que j'utilise pour la première fois un mot que tout le monde va reprendre : « Il faut de l'agilité dans la prise de décision. » Avec la logistique défaillante, je crois que tout le drame tient à cette in-agilité : nous sommes un mammouth gras, lent, hésitant et malhabile.

Aujourd'hui :

– Cinq classes de médicaments à risque de rupture d'approvisionnement.

– Risque d'encombrement de la chambre mortuaire.

– Les décès des hôpitaux Sainte-Périne et Vaugirard dirigés vers Cochin.

Vendredi 27 mars

Depuis que j'ai appelé sur Brut à nous envoyer du matériel de protection, mon bureau reçoit un flux continu de colis de toute la France. Même Decathlon nous a livré des masques de plongée et des lunettes. Tous les jours, nous recevons des masques, des surblouses, des déjeuners pantagruéliques de la part des restaurants alentour et de nombreux bénévoles. Avant-hier, ce fut une montagne de Nutella, Twix et autres rochers au chocolat. Si on n'est pas morts à l'issue de l'épidémie, on finira obèses. La société Nexity m'envoie 50 000 masques chirurgicaux. Anne Lefebvre, la directrice, me propose d'en attribuer la moitié à ma commune. Je la remercie et en fais profiter les deux Ehpad, ainsi qu'un Ehpad de Boulogne qui m'a appelé au secours sur les réseaux sociaux.

Une question est récurrente. Elle concerne les patients suspects de Covid vus aux urgences et renvoyés à leur domicile car ne présentant aucun signe de gravité. On ne leur fait plus de test car nous en manquons. On leur demande juste de s'isoler et de se surveiller afin de détecter l'apparition de symptômes respiratoires, qui témoigneraient de l'aggravation de la maladie. À tous, on dit : si vous avez des difficultés à respirer, contactez le 15. Mais on constate de plus en plus que certains patients sont amenés aux urgences dans un état grave sans jamais avoir ressenti de difficultés respiratoires. Pourquoi ? Selon Michel Azizi, cardiologue dans notre établissement, c'est parce que les patients restent chez eux sans beaucoup bouger, du fait du confinement et d'une fatigue parfois extrême. Je crois qu'il y a une autre hypothèse : certains sont si fatigués qu'ils ne perçoivent plus leur difficulté respiratoire. Depuis le début de l'épidémie, le Pr Azizi abat un travail considérable d'évaluation des dossiers. Cette maladie est récente et nous ne la connaissons pas. L'analyse de chacun des dossiers est indispensable pour emmagasiner des connaissances et en tirer des leçons. Selon Michel, au moins deux personnes sont arrivées dans un état grave à Pompidou après avoir trop attendu ; elles n'avaient pris conscience que très tardivement de leur gêne respiratoire. L'une est morte, et l'autre est en réanimation dans un état préoccupant. Les recommandations officielles de téléphoner au 15 en cas de dyspnée sont insuffisantes. Il faudrait pouvoir équiper d'un saturomètre tous les patients que l'on renvoie chez eux. On détecterait objectivement la baisse d'oxygène dans le sang, sans être pollués par l'analyse du ressenti trompeur des patients. En attendant un tel miracle, car la France manque de matériel, nous décidons que tout cas de fatigue intense sera suspect et devra être invité à se présenter aux urgences, même en l'absence d'essoufflement manifeste.

Comme nous ne sommes apparemment toujours pas au pic, nous devons continuer à renforcer nos moyens et à transférer les patients vers des structures privées pour alléger la pression et garder nos lits disponibles. Hier, nous en avons transféré onze des urgences. Et neuf déjà aujourd'hui alors qu'il n'est que 11 heures.

C'est la mobilisation générale côté personnels. Tous les services de tous les hôpitaux ont besoin de bras. Pour seconder les aides-soignants, les étudiants en médecine sont affectés dans les hôpitaux voisins de Corentin-Celton à Issy et de Vaugirard dans le XVe. Les étudiants infirmiers de deuxième année sont orientés vers des tâches d'aide-soignant. Ceux de troisième année montent en grade sur le champ de bataille et se voient confier des missions d'infirmier diplômé. Cela me rappelle cette anecdote de la bataille d'Austerlitz. À la fin d'une charge de cavalerie, l'Empereur convoqua les lieutenants pour les féliciter. On lui répondit que tous avaient été tués et qu'il ne restait plus que les adjudants, qui avaient brillamment conduit la manœuvre. Ce jour-là, Napoléon décida que, dans la cavalerie, on donnerait dorénavant du « Mon lieutenant » à tous les adjudants. Aujourd'hui, les élèves infirmiers de troisième année sont les adjudants désignés infirmiers. Il y a aussi les chirurgiens qui n'opèrent plus du fait des déprogrammations. Eux sont affectés dans les réanimations pour aider les infirmiers. Toutes les quatre heures, il faut retourner les patients sous machine respiratoire. Quatre heures sur le dos, quatre heures sur le ventre. Cette méthode dite de DV (pour décubitus ventral) permet le recrutement des alvéoles pulmonaires, c'est-à-dire leur ouverture et leur meilleure utilisation, et favorise les échanges en oxygène. Elle est pénible à mettre en œuvre compte tenu de la difficulté à mobiliser des patients instables et lourdement équipés en tuyaux. Huit personnes au moins sont nécessaires pour retourner un malade ventilé. Dans le service des urgences, nous accueillons les équipes de chirurgie cardiaque de Necker en renfort. Bientôt, grâce à elles, nous transformerons une des salles des urgences, en réalité un ancien couloir, en unité de neuf lits de soins intensifs sous la direction de Rafik Masmoudi, un de mes précieux adjoints qui est aussi vice-président de la commission locale d'établissement. Personne ne compte ses heures.

Ces multiples renforts sont d'autant plus précieux que les hôpitaux gériatriques, par exemple, essuient une vague d'arrêts de travail qui concernent jusqu'à 20 % des agents dans certaines catégories de personnel. On nous signale en outre quelques médecins de ville qui mettent en arrêt maladie le personnel malgré l'absence de symptômes. Est-ce la peur ? Un agent d'un Ehpad voisin a cessé le travail car il considérait qu'il n'était pas assez protégé. Si les tenues de protection manquent, on peut s'attendre à une multiplication des désertions de ce type, avec un effet boule de neige lié à la saturation du personnel restant. Concernant les arrêts de travail, l'ARS doit clarifier les choses pour éviter que les hôpitaux ne se vident de leurs soignants. Enfin, on signale beaucoup d'arrêts de quatorze jours en cas de symptôme, alors que les recommandations en prévoient sept renouvelables, et une reprise du travail après deux jours sans symptôme.

Dans mon service, trois des médecins sont enceintes. Pour elles, je fais une revue de la littérature : aucun cas décrit de passage transplacentaire du virus. Malgré ces données rassurantes, je conseille à mes trois collègues de ne pas entrer dans les chambres des patients suspects. La vérité est que nous avons fort peu de recul. Une d'entre elles craint pour sa grossesse. Comme elle m'en avait déjà averti, elle décide de rester à son domicile et je comprends ses appréhensions. Les deux autres, Marie Roux et Anaïs Guincestre, continuent à travailler. Par précaution, nous convenons ensemble qu'elles seront affectées dans un secteur Covid-free. C'est plus raisonnable même si nous savons tous ce que cette mesure de prudence a de théorique, puisqu'il y a probablement du virus partout dans le service. Je les remercie de ne pas nous abandonner au moment où nous sentons la vague monter et le pic approcher.

Coup de fil de Thierry Solère, député LREM des Hauts-de-Seine et ancien LR. Nous nous connaissons depuis longtemps ; nous étions tous deux vice-présidents du conseil général pendant la présidence de Nicolas Sarkozy. Il m'appelle pour un de ses amis sénateur, qui est malade mais n'ose pas déranger les urgences. Je lui dis de m'appeler : il fait bien car, après l'avoir persuadé de venir à Pompidou, je trouve l'honorable parlementaire en si mauvais état que je suis obligé de l'hospitaliser en urgence.

Vers 15 heures, je prends le temps de m'échapper, après avoir avalé deux bananes en guise de déjeuner, pour rendre visite à monsieur F. que j'avais quitté dans un état inquiétant hier. Son test est positif : il va monter dans une des unités réservées aux patients Covid, et donc changer de chambre. J'ai la surprise de le découvrir méconnaissable par rapport à hier. Toujours aussi souriant et aimable, mais bien moins essoufflé. Le débit d'oxygène a miraculeusement été réduit à trois litres par minute, ce qui est de bon augure. Nous parlons quelques instants. Je lui demande s'il sait que Pindare est un des héros de *La grande illusion*. Il connaît ce magnifique film et nous nous en racontons les meilleures scènes. Alors que je lui demande comment il se sent, il me répond en ne se préoccupant que de mon équipe et de moi. Il m'interroge sur l'évolution de l'épidémie. Lui qui ne parvenait pas hier à porter un simple verre à sa bouche le saisit seul, sans aide et sans difficulté particulière. Il est transformé. Je ne reviens pas d'une évolution favorable si rapide. Moi qui craignais de ne pas le retrouver aujourd'hui. Je suis heureux… À peine l'ai-je quitté que je ne peux m'empêcher de passer un coup de téléphone à son fils. C'est sa petite-fille qui répond. Je l'avais vue le premier jour, aux urgences. En reconnaissant ma voix, elle pense que je vais lui annoncer une mauvaise nouvelle. Je la rassure et lui explique que je le trouve en bien meilleur état. Cette maladie est imprévisible. La partie est loin d'être gagnée, mais il faut tenir.

Dans le couloir qui me ramène au service, mon téléphone sonne. Je décroche. C'est Nicolas Sarkozy. Je suis certain que la gestion de la crise aurait été bien différente s'il avait tenu la barre. Il aurait bousculé les immobilismes, viré les incapables, débloqué l'indéblocable et décidé. Ne jamais subir pourrait être sa devise. Il tempête :

— Ce confinement n'a aucun sens : il faut tester et confiner, mais pas confiner comme ça ! On tue le pays.

C'est exactement ce que j'ai dit sur RMC il y a deux jours. Idéalement, il faudrait tester la totalité de la population et faire un confinement intelligent, limité aux positifs. Or, comme nous n'avons pas de tests, nous confinons tout le monde. Les Allemands testent plus et confinent moins. La plupart des usines allemandes continuent de fonctionner normalement. J'ajoute que si nous avions un très grand nombre de lits de réanimation, on pourrait même ne pas confiner du tout, puisque le confinement a un but principal : empêcher la submersion du système hospitalier. D'une certaine manière, le confinement est la pire des solutions à l'exception de toutes les autres quand on n'a pas les moyens de tester ou d'hospitaliser. Il me dit de prendre soin de moi et de ne pas trop m'exposer.

Je suis de retour dans mon bureau. Touria El-Boukili, une des cadres du service, frappe à la porte. Elle a remarqué ma toux persistante. Et que je suis de plus en plus fatigué. Elle ne comprend pas pourquoi je ne me teste pas. Je lui explique que si je suis positif, je devrai m'arrêter.

— Imaginez que tout le monde se mette à se tester dans le service : on serait bien avancés si le personnel des urgences devait s'arrêter.

En contrepartie, je fais extrêmement attention à me protéger pour préserver les patients. J'avoue que ce n'est pas terrible, mais avons-nous d'autres solutions ? La porte du bureau close, elle me prie d'accepter au moins qu'on me prenne la température et une saturation. Je mets une condition : que le résultat reste entre nous. Elle sort et revient quelques secondes plus tard avec son chariot de matériel qui était déjà prêt. Je m'assois sagement, elle met le saturomètre au bout de mon doigt et le thermomètre dans mon oreille droite. 37 °C et 98 % de saturation.

— Tout va bien, lui dis-je en souriant, un brin moqueur puisque nous savons que seule la PCR permettrait d'éliminer la suspicion d'infection.

Elle rigole et me dit que ce n'est quand même pas très sérieux. Je ne sais pourquoi je pense au titre de cet essai de Georges-Marc Benamou : *C'était un temps déraisonnable.* À l'AP-HP, on comptait hier 1 130 personnels infectés testés, avec un doublement entre le 24 et le 26 mars. Si on rapporte ce chiffre à tout notre personnel, cela est peu.

Je ne connais pas personnellement Joachim Son-Forget, député LREM. Je sais qu'il a montré une certaine indépendance d'esprit, souvent décalée et même drôle, et des traits de caractère qui sont, c'est ainsi que je les interprète, des manifestations d'un grand anticonformisme. Il est « curieux », résume une amie. Radiologue, il est confiné à Genève, et passe ses journées (apparemment aussi certaines de ses nuits) à interpréter des scanners de patients Covid pour le compte d'hôpitaux et cliniques en France. La radiologie permet de travailler à distance. Je l'ai contacté par message privé sur Twitter pour le féliciter d'un tweet très amusant dont je ne me souviens plus la nature exacte. Nous échangeons quelques messages et nos numéros de téléphone. Je suis dans ma voiture et il est 22 heures lorsque nous avons un premier contact téléphonique. Nous échangeons des banalités aimables et, avant de raccrocher car j'arrive à La Garenne, je lui demande pourquoi le président de la République est si mal conseillé. Il rigole et élude avant de raccrocher. Il me rappelle cinq minutes plus tard pour me donner le numéro d'Emmanuel Macron qui, selon Son-Forget, m'invite à le contacter via la messagerie Telegram.

Je n'ai croisé que deux fois Emmanuel Macron dans le passé. Une fois sur le quai du train à Strasbourg, quand j'étais député européen. Et une autre fois à une cérémonie au Mont-Valérien où il m'avait fait le coup classique de tous les hommes politiques quand je m'étais présenté : « Oui, oui, je vois qui vous êtes. Je vous connais. » C'est idiot mais ça flatte toujours. J'avais trouvé intéressant l'homme qui était parvenu à bousculer et rajeunir la vie politique. Au moment des élections européennes, j'avais été plus emballé par son discours sur l'Europe que par celui de mon propre parti. Je l'avais écrit et cela n'avait pas beaucoup plu à Laurent Wauquiez. Mais au-delà, j'avoue n'avoir ni sympathie ni antipathie pour un homme que je ne connais pas, et que je trouve souvent théâtral. Si un contact direct peut permettre de faire avancer quelques sujets clés, pourquoi ne pas en profiter. Son-Forget me dit de lui écrire tard le soir : ça tombe bien, il est 23 h 30 et je suis maintenant dans ma cuisine. Les enfants m'ont laissé une part de lasagnes. Je la mets dans le micro-ondes et tape un court message au Président, dans lequel je lui demande l'autorisation de lui écrire. Je ne veux pas m'imposer dans le quotidien d'un homme aux telles responsabilités sans y avoir été personnellement invité. J'appuie sur le bouton envoi et sors les pâtes du four. Je m'attaque aux lasagnes debout en feuilletant un numéro de *Commentaire* (je préfère la page « Sans commentaire », la plus saignante et la seule ironique, où la revue met en avant quelques citations qui brillent par leur dogmatisme). J'y suis abonné depuis vingt ans. Patrick Devedjian m'a dit qu'il en avait été un des fondateurs. Je termine de dîner sous l'œil déçu de Polka qui comprend que ses chances de manger italien s'évaporent, quand je lis que le Président a répondu à mon message. « Dites-moi les choses. N'hésitez pas. Parlez sans fard. J'ai besoin de vous entendre. » Je le remercie et vais me coucher. Il est presque minuit et la maison est plongée dans le silence. Comme souvent depuis quelques jours, le corps vidé mais l'esprit excité par ces journées, j'ai du mal à trouver le sommeil. À la fenêtre, Jude miaule et demande à entrer.

Samedi 28 mars

Cela fait un mois précisément que le service des urgences a bouleversé son organisation pour répondre à l'afflux des patients victimes de l'épidémie.

Le Figaro Magazine me distingue parmi les héros. Fierté du compliment, et gêne, car que fais-je d'autre que mon métier et de plus que mes camarades ? Il y a dans ce numéro un bel article de Robert Redeker :

> Philosophe engagé volontaire à 47 ans pour faire la guerre, Alain nota que le soldat des tranchées « a l'air d'un pauvre ». À l'occasion de cette « guerre contre un ennemi invisible », pour reprendre les mots d'Emmanuel Macron, apparaît dans la lumière, aujourd'hui comme entre 1914 et 1918, l'héroïsme des humbles qui, abandonnés sur la ligne de combat, prennent le risque d'y laisser leur peau. Cet abandon ne les rend que plus admirables. L'héroïsme du personnel soignant est un héroïsme de corps de métier. Un héroïsme de gens qui font leur métier jusqu'au bout de ses exigences. [...] Dans cet héroïsme, ce corps recolle la nation, dont on se plaint à juste titre qu'elle soit trop éclatée.

Je fais une note à Emmanuel Macron. Je plaide de nouveau pour des transferts massifs, immédiats, en France et en Europe. Il me répond qu'il « pousse », qu'il sait que certaines ARS sont bloquantes et qu'il va y mettre bon ordre. Je me demande qui pilote vraiment. Il acquiesce quand je lui dis qu'en Île-de-France nous avons un bon directeur.

Patrick Devedjian est en réanimation depuis hier. Je l'avais eu au téléphone il y a quelques jours, et il me disait qu'il allait mieux. Lisiane Fierobe est réanimatrice à l'hôpital privé d'Antony. Nous étions chefs ensemble à Bichat il y a vingt ans. Je l'appelle, elle me dit être réservée. Je m'inquiète.

Trois journalistes connus sont hospitalisés chez nous. Tous ont plus de 60 ans. Tous ont un tableau inquiétant. L'un d'eux a des images typiques au scanner, mais son test PCR est négatif. Pourtant, il est clairement infecté.

Je monte voir monsieur F. Hier, il allait mieux. J'entre dans sa chambre. À sa place, une jeune femme dort dans la pénombre. Je rebrousse chemin sur la pointe des pieds pour ne pas la réveiller, et vais trouver l'infirmière. Masquée et gantée, elle est dans l'office en train de vider un bassin. Elle me regarde drôlement.

— Monsieur F. ? Mais il est mort hier soir, m'annonce-t-elle.

Hier matin encore, nous plaisantions. Je trouve ma collègue gériatre Hayat Lahjibi dans le poste de soins. Hier en fin d'après-midi, à l'heure du goûter, son état s'est brutalement aggravé. On a d'abord cru à une fausse route, mais il s'avère qu'il lisait à ce moment, et ne mangeait pas. Il a fallu augmenter l'oxygène de trois litres, puis encore une fois, et une autre. Et toujours, il s'aggravait. Jusqu'au maximum de quinze litres d'oxygène. Il a fini par s'épuiser, s'est endormi et a cessé de respirer avant même qu'on puisse lui administrer des morphiniques pour le soulager. Tout s'est déroulé en moins de trois heures. Deux de ses fils ont pu arriver à temps pour le voir avant la fin. Je repars triste et honteux. Je m'en veux d'avoir exprimé un peu d'optimisme hier soir à sa petite-fille. Les voilà d'ailleurs, ses trois fils et la petite-fille, sortant de l'hôpital où ils étaient allés récupérer ses affaires. Ils se précipitent vers moi pour me remercier. Je ne sais quoi leur dire ; je prétexte lâchement une affaire urgente pour cacher mon émotion.

De retour dans mon bureau, Aurélien Rousseau, le directeur de notre ARS, m'appelle à propos des trains sanitaires. Mon appel à un pont aérien et ferroviaire remue le Landerneau. Il me dit qu'il est tenu par la doctrine officielle de la Direction générale de la santé, selon laquelle on ne doit pas transférer en dehors d'Île-de-France. Je lui répète que c'est une grave erreur. Il le sait mais il n'a pas les coudées franches. Mais qui décide dans ce pays ???

Message glacial de Martin Hirsch qui me demande ce que je vais faire ce soir sur C8 dans une émission sur le Pr Raoult. Beaucoup d'invités sur le plateau, des tas de gens sérieux, comme un ancien ministre de la Santé. Je n'y participe en réalité qu'à travers une courte interview que j'ai donnée hier. J'ai été très prudent, expliquant que si le Pr Raoult était un chercheur réputé et qu'à ce titre il fallait l'écouter, rien ne prouvait hélas l'efficacité de l'hydroxychloroquine. Je ne sais pas ce que les journalistes garderont de mes paroles au montage et cela m'inquiète car je découvre que l'émission est animée par Cyril Hanouna, qui certes plaît beaucoup mais qui ne s'embarrasse sans doute pas d'objectivité scientifique. L'émission est programmée à 21 heures. À 20 h 30, je suis dans mon bureau et m'apprête à partir. Je reçois la visite inopinée d'un des directeurs pour « faire le point ». Aucun de nous deux n'est dupe et je l'invite à s'asseoir dans le canapé rouge de mon antre. Nous échangeons des amabilités pendant une demi-heure, jusqu'à ce qu'il comprenne que, visiblement, je ne vais pas me rendre à l'émission. Je vais plutôt rejoindre mes enfants à la maison.

Vers minuit, coup de téléphone de Christophe Quilliec, le médecin de Patrick Devedjian. Il m'annonce son décès brutal. Son épouse Sophie est en route. J'envoie un message à Emmanuel Macron, qui me répond par une formule témoignant d'une vraie émotion. Je crois qu'il l'aimait bien. Je réveille Nicolas Sarkozy qui est abasourdi. Je sens dans son silence qu'il se repasse toutes ces années communes. J'éteins la lumière. Dans le noir, je pense.

Dimanche 29 mars

« Il se répétait : Petit pan de mur jaune avec un auvent, petit pan de mur jaune. » « Il était mort. Mort à jamais ? Qui peut le dire ? » Patrick Devedjian aimait Chateaubriand avant tout. Mais, dans son Panthéon, Proust n'était pas loin. Je suis certain qu'il n'aurait pas renié cette épitaphe, et ce « Mort à jamais » de la mort de Bergotte.

Lundi 30 mars

Lors d'une réunion à l'hôpital, on nous présente de nombreux projets de recherche, dont celui de la cohorte French Covid. L'ambiance est curieuse, optimiste et presque euphorique : les premiers résultats de Discovery seront connus dans quatorze jours, assure-t-on. Je fais remarquer qu'il faut d'abord inclure les patients avant de crier victoire. On me répond que 100 % des patients de l'hôpital le seront, ce qui en réalité n'est pas possible car ils ont toujours, heureusement, le droit de refuser de participer à un essai. La réponse fuse : les malades ont peur et veulent des traitements. La preuve : ce week-end, 100 % d'inclusions sur les douze hospitalisés d'une unité. Une telle certitude me laisse sans voix. Puis sont évoquées les questions de financement. Les euros semblent tomber du ciel. De nouveau je jette un froid : si nous avions eu la moitié de ces sommes avant la crise, nous n'en serions pas là. Nous sommes d'ailleurs quelques cliniciens à nous féliciter ironiquement de pouvoir désormais dépenser sans compter. Dommage d'avoir attendu que le matériel de protection individuelle des soignants au front commence à manquer pour débloquer de l'argent. Dans la foulée, avec quelques-uns, nous exprimons notre opposition totale à un projet d'« incitations financières » pour les techniciens de recherche, afin qu'ils viennent à l'hôpital inclure des patients dans les essais cliniques. Autrement dit, il faudrait verser une prime à des gens, même pas au contact des patients, actuellement payés chez eux à attendre, pour les motiver à venir travailler à remplir des dossiers ! Mes aides-soignants n'ont pas d'« incitations » et ils viennent pourtant tous les jours sans se poser de questions, et dans des situations autrement plus dangereuses, exposés au virus avec une intensité qu'aucun chercheur ni technicien de recherche ne connaîtra jamais. Quelle honte. La directrice calme les esprits et nous ne décidons pas.

La situation a été très tendue la nuit dernière pour les hôpitaux du nord de Paris, avec des transferts de patients vers les hôpitaux du centre. Les capacités en hospitalisation conventionnelle, aussi, commencent à se tendre à l'échelon régional. Au niveau des soins critiques, et malgré les lourdeurs inhérentes à une grosse machine, l'AP-HP a démontré sa puissance de feu en parvenant en quelques jours à créer de nombreux lits de réanimation. À Pompidou et à Cochin, nous devons cette efficacité à deux hommes : Alain Cariou et Emmanuel Guérot. Malgré ces efforts, la situation devient limite. À Pompidou, nous n'avons plus qu'un seul lit de soins critiques de libre sur les 77. On peut éventuellement ajouter deux places en surveillance continue. Même situation à Cochin où il n'y a plus que 4 lits sur les 61 ouverts, malgré les 10 lits nouveaux pris sur une salle de réveil hier. La terre tremble.

Autre conséquence du fait que nous sommes débordés par le nombre de patients : l'analyse des cas contacts est abandonnée. C'était prévisible. Au point où on en est, il faut se concentrer et sauver ceux qui peuvent l'être.

Olivier Bory est un de mes internes. Comme ses collègues, son stage devait se terminer le 1er avril. Compte tenu de l'épidémie, il est prolongé jusqu'au 1er juin. Olivier a un parcours original. Parallèlement à son activité hospitalière, il a à son palmarès d'avoir participé à plusieurs expériences de mise en relation d'ingénieurs, techniciens, médecins, informaticiens… Il vient me voir car il a étudié le masque Decathlon que nous venons de distribuer aux équipes. Ce masque ne protège que des projections directes. Mais pas du nuage d'aérosols dans lequel nous évoluons face à un malade contagieux. Il se propose d'imprimer des adaptateurs en 3D, et de trouver des filtres. Je lui donne mon feu vert. Le système D aura joué un rôle fondamental dans cette crise. Le pays se rend-il compte de sa chance d'avoir des gens comme lui au front ?

Sommes-nous enfin au pic ? Personne ne le sait. Le nez dans le guidon, penchés sur nos patients, nous encaissons.

Plus que 8 places disponibles sur 38 à la chambre mortuaire. Se pose la question du caisson mobile réfrigéré. Les toilettes rituelles sont interdites et le Consistoire a accepté que les soins aux corps ne soient pas faits. Même les morts ne meurent pas en paix.

Je suis au volant de ma 106 avenue Charles-de-Gaulle à Neuilly, en route pour la maison, quand je reçois un appel masqué. Mes écouteurs ne fonctionnent qu'à moitié mais assez pour avoir une discussion. Je sais que c'est interdit mais je réponds. C'est Philippe Douste-Blazy. Après quelques mots sympas sur mes prises de position publiques, il me présente son projet. Il veut que je le rejoigne dans une association de soutien à Didier Raoult en vue d'obtenir du gouvernement l'autorisation d'administrer du Plaquenil aux patients qui ont des formes graves. J'ai beau lui rétorquer que nous n'avons aucune preuve de l'efficacité du médicament, surtout dans les formes graves, l'ancien ministre de la Santé balaye la remarque et me répond qu'il a des chiffres de l'ARS qui montrent une sous-mortalité à Marseille. Son explication ?

— Tout le monde va à l'IHU.

Je décline son offre poliment. J'aime bien Philippe et sa liberté. Nous nous promettons de nous tenir au courant. Mais le fond de ma pensée est que les querelles entre pro- et anti-Plaquenil n'ont plus rien de scientifique. Guerre d'ego. Guerres d'intérêts. Toujours dans *La grande illusion*, il y a cette première scène dans le mess des officiers, avec cette pancarte sous le bar : « L'alcool rend fou. Le chef d'escadrille en boit. » Ici, ce sont les réseaux sociaux qui rendent fous.

Mardi 31 mars

À 8 h 35, *Bourdin Direct* depuis mon bureau par Skype. La journaliste Apolline de Malherbe m'interroge :

— Faites-vous de la politique, Philippe Juvin ?

— Non je ne fais pas de politique. Je fais de l'information. Si ceux comme moi, qui savent, n'expriment pas ce qu'ils savent, avec toute la prudence et l'humilité nécessaires, nous livrons la population aux sirènes des fake news. Il faut être prudent. Je me suis moi-même trompé une ou deux fois. Les gens préfèrent entendre qu'on ne sait pas, ou qu'on s'est parfois trompés, plutôt que d'être abandonnés aux rumeurs. Informer, c'est aider à la bonne santé morale de la nation, à son aptitude à suivre les recommandations et à supporter le confinement.

J'annonce que dans ma commune nous testons à partir d'aujourd'hui tous les résidents des Ehpad. Mon objectif est simple : éviter une épidémie qui serait fatale et séparer les positifs des négatifs pour casser les chaînes de contamination. Je ne comprends pas pourquoi on ne fait pas cela partout.

Dans la foulée de l'émission, Xavier Bertrand m'envoie un message pour me féliciter de l'interview. Il m'annonce qu'il veut faire avec les Ehpad de sa région ce que je fais à La Garenne. Il me dit avoir été convaincu par mes explications et veut maintenant faire tester tout le monde. Je l'encourage.

Quelques minutes plus tard, c'est au tour d'Emmanuel Macron de me demander par Telegram de quoi j'ai besoin. Je lui parle des tests dans les Ehpad. Et lui envoie deux petites vidéos du personnel des urgences qui lui dit en chœur qu'ils ont le moral. Il nous remercie.

Depuis quatre jours, je travaille à la mise en œuvre d'un caisson de télémédecine. L'idée serait d'y faire examiner les patients peu symptomatiques qui continuent à nous arriver pour désengorger les urgences. Une infirmière prendrait les constantes, et un médecin situé à distance réaliserait une téléconsultation. Il s'agit d'une expérience qui, de pilote, pourrait se généraliser. Frédéric Lefebvre, l'ancien ministre de Nicolas Sarkozy et désormais proche d'Emmanuel Macron, m'a présenté une société offrant de tout payer et de tout organiser. Ils veulent simplement un emplacement et qu'on y dirige quelques-uns de nos patients. Au-delà de l'aspect expérimental et novateur, je me dis que si, en plus, cela peut nous alléger de quelques patients... Anne Hidalgo me confirme au téléphone qu'elle soutient le projet. Si ça marche, elle envisage de multiplier ces caissons partout dans Paris pour faciliter la prise en charge médicale des Parisiens. Société, services techniques de l'hôpital et mairie de Paris, nous sommes à peu près d'accord sur tout. Même l'emplacement est trouvé : devant les urgences.

Et ce matin, brutalement, la cellule de crise de l'hôpital m'annonce qu'il n'en est plus question. Pourquoi ? Je l'ignore. Les explications sont confuses. La peur que des patients soient détournés des urgences, avec des recettes en moins pour l'hôpital ? On m'évoque aussi d'absconses raisons juridiques : qui serait responsable en cas d'erreur médicale dans le caisson ? Un peu de jalousie pour un projet qui aurait pu être innovant ? Bousculons-nous des intérêts ? Aucune des raisons évoquées ne me paraît définitive. Dépit et mauvaise humeur : on nous a laissés travailler plusieurs jours pour nous planter au dernier moment.

Perdu au milieu du flot quotidien de messages, un mail de la Direction de la recherche clinique rapporte une étude chinoise sur les femmes enceintes et conclut par des recommandations en termes de gestion du personnel. Les femmes au troisième trimestre de grossesse doivent se mettre au télétravail. Celles aux premier et deuxième trimestres doivent rester loin des malades. Je trouve ce mail lunaire : ces recommandations sont capitales et ne peuvent être ignorées. Or la DRC nous les adresse noyées dans un fatras de mails plus inutiles les uns que les autres. J'aurais pu passer à côté.

Dans mon bureau de l'hôpital, je m'isole une demi-heure pour une réunion Zoom avec mon équipe municipale. La connexion n'est pas bonne. Mais j'arrive à lire le troisième numéro du journal du confinement que mes services s'apprêtent à distribuer, et donne le feu vert. Chaque semaine, cette simple feuille recto verso est déposée dans toutes les boîtes aux lettres de la ville pour tenir au courant mes administrés de l'actualité du confinement. Les artisans et commerçants s'organisent pour livrer à domicile. Près de 650 appels téléphoniques ont été passés hier par la cellule de veille, essentiellement à des personnes âgées isolées, afin de s'assurer qu'elles n'ont besoin de rien.

Je vais voir quelques patients au service porte et laisse le vaguemestre déposer de nouveaux paquets dans mon bureau. Nadia Adam me rappelle, rigolarde :

— Monsieur Juvin, il va falloir payer. Quelqu'un est là pour vous.

Dans le bureau, une caisse volumineuse m'attend, derrière laquelle se tient un géant de deux mètres, au physique de boxeur avec un vague uniforme et un air pas commode. Il se présente comme le transporteur. La caisse vient de Chine, dit-il, ce sont des masques qu'un généreux donateur a commandés pour nous. Le géant me tend un papier griffonné sur lequel je lis que je dois 250 euros. Pour « des frais de douanes ». Je réponds que je n'ai rien commandé : un don, c'est un don. Je lui dis de reprendre ses masques et de partir. Pas d'argent pour les margoulins. Il n'est pas content et me dit qu'il faut au moins payer une partie. Je refuse catégoriquement en haussant la voix. Le type est nerveux. Il trépigne en grommelant dans un sabir de banlieue. Je fais mine d'appeler la police. Il reprend sa « facture », sa caisse et part en insultant ma mère et la terre entière. Nadia passe la tête dans le bureau et me demande si tout va bien. Je bous encore quand un autre livreur passe timidement la tête. Lui est tout petit, sans doute malgache à son accent, et me demande tout doucement s'il peut entrer. Il me remet à son tour un paquet de masques. J'ai l'impression d'être un guichet de Federal Express. Je le reconnais. C'est la troisième fois que je le vois cette semaine. Il me fait signer le bon de réception. Il a le sourire fixe de quelqu'un qui aimerait dire quelque chose mais qui n'ose pas. Je lui demande si tout va bien.

— C'est les masques. Je peux en avoir un peu s'il te plaît ? C'est pour la famille.

Il est tout timide et m'attendrit. Je me dis qu'il aurait pu, s'il avait été malhonnête, se servir lui-même. J'ouvre une des caisses et lui tends un paquet de masques chirurgicaux. Il le prend et me remercie en s'inclinant. Toujours à moitié incliné, il tourne les talons et se dirige vers la porte de mon bureau. Je le rappelle :

— Vous avez combien d'enfants ?

Il me montre les cinq doigts de sa main. Je retire un paquet supplémentaire de la caisse et le lui donne. Avec cent masques, il a de quoi protéger sa famille. Il me sourit.

Marie-Caroline Mérand de la clinique du parc Monceau m'appelle à l'aide. Il lui faut des housses mortuaires. Il n'y en a plus aucune sur le marché. Je demande à la directrice de Pompidou si elle peut faire quelque chose, en lui rappelant que la clinique nous a prêté trois respirateurs de réanimation. Elle passe la demande à ses services, qui lui proposent… une housse. Une housse contre trois respirateurs, le marché n'est pas très équitable. La fourmi n'est pas prêteuse. Ce n'est pas avec ça qu'on va inciter les cliniques privées à nous aider ! C'est aussi le sentiment d'Emmanuel Guérot. Sous sa pression, l'HEGP finit par en proposer deux. En rentrant le soir chez moi, j'ai l'idée d'appeler la directrice de l'hôpital de Nanterre, que j'avais rencontrée avant le confinement pour le projet d'extension de son établissement. Je parviens à la joindre à 22 heures, alors que je suis en train de circuler sur le boulevard de Verdun à Courbevoie. Elle est encore à son bureau et peut nous en donner une supplémentaire. Finalement, en plus des deux de Pompidou, je parviens à en récupérer une de Nanterre et deux de mes Ehpad. Le tout sera déposé à Monceau le lendemain. Les morts ne franchiront pas le Styx sans protection.

AVRIL

Mercredi 1er avril

Nous sommes quinze dans le cimetière d'Antony. Sophie et sa famille, ses fidèles du conseil général, Pierre Bédier, le patron des Yvelines, Georges Siffredi qui le remplacera demain à la tête du département, et moi. L'évêque de Nanterre célèbre les obsèques de Patrick Devedjian. Il fait beau. Le soleil est discret et le temps sec. Monseigneur Matthieu Rougé lit une belle lettre de Monseigneur Yéghiayan, évêque de l'éparchie de Sainte-Croix des Arméniens catholiques de France. Il rappelle le combat de Patrick pour la reconnaissance du génocide des Arméniens. Je pense à son sens de la dérision. Me montrant le cimetière de Neuilly au pied du nouvel immeuble du conseil général : « C'est pour rappeler la brièveté des choses aux conseillers départementaux, et la nécessaire humilité qu'il convient d'adopter en ces lieux », me disait-il en souriant avec malice. Et là, nous l'enterrons presque à la sauvette, comme Molière, à quelques-uns, et un 1er avril. Il doit sourire du grotesque de la vie.

Nombre de malades en réanimation en Île-de-France le 22 mars : 710.

Nombre de malades en réanimation en Île-de-France le 31 mars : 2 000.

Ce mois de mars a commencé par une déroute. Il se termine par un considérable effort de redressement. Cela a failli être Sedan. Sera-ce la Marne ?

Après mon appel sur Brut, les dons de tenues intégrales de protection arrivent par centaines dans mon bureau (j'ai bien fait de ne pas trouver le temps de le ranger finalement). Des sociétés, des particuliers, la police scientifique de Versailles, des peintres en bâtiment ou des peintres du dimanche… Parfois une tenue unique emballée dans un papier kraft avec un mot d'encouragement dessus, ou un dessin d'enfant. Parfois un carton entier. Ces cadeaux tombés du ciel vont être précieux, car d'après l'hygiéniste de Pompidou nous n'avons plus que six jours de stocks devant nous. Rafik Masmoudi est heureux : l'unité de soins critiques dont il est responsable va être la mieux dotée de l'hôpital !

J'ai les honneurs d'une page dans *Le Monde*, par Fabrice Lhomme et Gérard Davet. Fabrice Lhomme et moi découvrons que nous venons du même village corse : Ucciani. J'imagine qu'il en a, comme moi, les mêmes souvenirs d'enfance. Le clocher qui scandait chaque demi-heure, nuit et jour. Les douces promenades du soir où l'on saluait chaque perron encombré de vieilles personnes qui, à votre passage, se chuchotaient votre nom et celui de votre ascendance. La Grande Ourse et la chasse aux étoiles filantes. Les bains à la rivière que l'exagération de ma grand-mère baptisait « le fleuve ». Les coupures d'eau au retour de la plage. Le fameux fromage aux asticots. La « piste », simple hangar qui faisait boîte, toutes les nuits jusqu'à 4 heures du matin. Ma chambre donnait sur elle. Je ne sais pas si ce qui m'empêchait de dormir était son bruit assourdissant ou le désespoir de ma timidité qui m'interdisait de franchir la porte de ce lieu mystérieux. Aujourd'hui, le clocher dort la nuit, il y a de l'eau au robinet, les vieilles personnes ont rejoint les étoiles filantes, et la piste n'est plus qu'un amas de parpaings morts. Mais le fleuve coule toujours dans le même sens et les perrons vides me font un clin d'œil quand je les croise. Les endroits aimés ont une âme qui s'affranchit du temps et des pertes. En cette période de confinement, cette intemporalité me manque.

Le violoniste Renaud Capuçon me donne son accord pour venir jouer devant les urgences afin de remercier l'équipe. La directrice refuse, elle craint les contaminations.

Jeudi 2 avril

Une aide-soignante de l'hôpital a perdu son mari cette nuit, elle se retrouve veuve avec trois enfants. Aucune statistique ne pourra traduire le gouffre dans lequel sont précipitées d'un jour à l'autre les victimes et leurs familles.

La réunion a lieu à 11 heures comme chaque jour. Autour de la table en U de la petite salle n° 1 au deuxième étage, les gens sont silencieux et graves. Ceux qui sont là comme ceux qui nous ont rejoints par Zoom écoutent Serge Morel. Le directeur du Groupe hospitalier nous prépare à de nouvelles épreuves collectives. Nous entrons dans un long couloir sombre dans lequel nous croiserons plus de gens qui vont mourir que de gens qui vont guérir.

Même si ce n'est jamais explicitement dit, nous savons aussi que nous allons devoir choisir.

Les tendances nationales nous montrent que le processus est à l'œuvre. En toute logique, on devrait assister à une augmentation de la part des patients âgés dans les réanimations puisqu'ils sont plus souvent touchés que les jeunes. On observe le contraire. En réanimation, la part des patients âgés dans le total des patients baisse chaque jour. Comment l'expliquer ? Les Ehpad gardent leurs patients, y compris une part des plus graves. Pour épargner les hôpitaux, on leur a suggéré de gérer le plus longtemps possible les situations médicales qui se posent à eux.

Mais il y a plus. Il y a nous, qui devons limiter les entrées en réanimation parce que nos ressources sont rares et la demande immense. Nous connaissons le nombre de nos lits de réanimation, souvent pas très élevé. Alors nous choisissons les malades. Certains disent que nous les trions. Rien de nouveau dans l'absolu : même en temps normal nous choisissons les malades avant de les accepter en réanimation. Pourquoi ? Quand vous avez un lit et deux patients, vous choisissez celui des deux qui a le plus de chances de survivre grâce à la réanimation. L'âge est habituellement un des critères, mais il n'est pas le seul. Il y en a d'autres : l'état physiologique, l'espérance de vie, la volonté du patient…

Mais dans cette épidémie, nous devons « choisir » encore plus. Puisque nous avons encore plus de patients à hospitaliser et encore moins de lits libres. Et l'âge devient, même si nous nous en défendons, un critère déterminant. En pratique, au-delà de 75-80 ans, nous avons désormais des difficultés à faire admettre un patient en soins intensifs pour le ventiler. Pour l'oxygénation extracorporelle, qui est une technique très invasive réservée aux cas les plus graves, les places sont encore plus rares et les âges d'admission moins grands. À Foch, on me rapporte que deux patients de moins de 60 ans étaient en concurrence pour une seule machine.

Si l'équation est simple, l'application est évidemment terrible.

Bien sûr, il y a des garde-fous éthiques ; en particulier, nous nous rassurons en affirmant que nous respecterons la volonté des patients. Mais ce filet de sécurité, bien réel, est partiel. Quand un patient âgé pourrait relever de ventilation mécanique, le respect absolu de sa volonté ne marche que dans un seul sens : s'il refuse d'aller en réanimation. Mais s'il le souhaite absolument, il n'y va pas toujours. De plus, soyons francs. Où est la vraie liberté de choix quand, âgé et déjà asphyxique, vous exprimez votre refus de la réanimation parce qu'on vous la présente comme pleine d'incertitudes et de souffrances, et pas comme un espoir. Un peu partout et plus ou moins selon le jour et le lieu, les services de réanimation, sous le poids des contraintes qui se sont dessinées depuis des décennies, se ferment aux personnes âgées.

Nous, équipes soignantes, essayons de compenser cette pénurie de lits de réanimation par nos efforts. Les services de médecine et de chirurgie sont transformés en unités Covid. Là, on y soigne sans limite d'âge. Et pour les plus vieux de nos patients, nous prions pour qu'ils passent le cap des douze, quinze jours sans avoir besoin de ventilation mécanique. Lorsque leur état se détériore, en l'absence de réanimation, nous jouons parfois une carte intermédiaire en les admettant dans des unités que l'on baptise « soins intensifs ». Dans mon service comme dans d'autres endroits de l'hôpital, on a mis en place de telles unités : on peut quasiment y faire de la réanimation, sans aller toutefois jusqu'à la ventilation mécanique. Car nous n'en avons ni le matériel ni les hommes. Ainsi, la non-admission en réanimation n'est pas synonyme d'arrêt des soins. Même si elle est pour certains une perte de chances de survivre. Nous avons tous conscience de cette situation dramatique. Mais nous devons faire avec. Ne pas abandonner nos patients, les entourer, les accompagner. Il n'en reste pas moins que, désormais, quand un patient âgé franchit la porte des urgences, nous savons qu'il n'a plus les mêmes chances qu'en temps normal.

À 15 heures, je préside un jury de thèse de médecine. Mon collègue Christian Perronne en fait partie. L'impétrant est Grégoire Boca, un ancien interne du service qui se destine à être médecin militaire à la Légion. Sa thèse porte sur l'hypnose comme aide à l'arrêt du tabac. Il s'agit sans doute du premier serment d'Hippocrate par Skype de l'histoire de la médecine.

Vendredi 3 avril

Les familles de patients n'ont toujours pas accès à leurs proches hospitalisés. Odile G., âgée de 57 ans, est mariée à Georges. Il a trente et un ans de plus qu'elle. Il a été admis aux urgences il y a deux semaines pour un tableau typique de Covid. Il est fatigué mais devrait s'en tirer. Comme il est sourd, ils ne peuvent pas communiquer par téléphone. Georges n'est resté dans mon service qu'une demi-journée et est hospitalisé depuis dans une des unités Covid de l'hôpital. Il n'est plus sous ma responsabilité. Mais comme j'ai eu la faiblesse de lui laisser mon numéro de téléphone le premier jour, sa femme m'appelle tous les matins. Elle me fait ses recommandations : lui dire un mot gentil, lui rappeler qu'elle l'aime, m'assurer qu'il mange bien, qu'il n'a pas froid la nuit, qu'il a bien dormi, qu'il a bien reçu le livre qu'elle a déposé… J'ai d'abord été irrité par ces appels réguliers qui gênaient mon activité dans le service. Maintenant, je les attends. J'ai l'impression d'un peu réparer l'injustice de cet éloignement forcé. Leur détresse me touche. Ils sont seuls. Ils ne connaissent personne si ce n'est moi, désormais. Ils n'ont ni enfant ni parent. Alors chaque matin, je note les instructions d'Odile et je me fais son messager. Lorsque les recommandations se font plus intimes, je dois m'assurer que mes collègues ne voient pas l'émotion dans mes yeux quand je raccroche.

Séance photo d'un journaliste de l'AFP. Tous les membres de l'équipe sont pris en photo et la mosaïque va se retrouver dans la presse. Certains font remarquer que les médecins italiens morts du Covid ont tous eu leur photo dans les journaux. Ils se demandent si l'AFP ne fait pas cela au cas où il nous arriverait malheur. Le photographe nous rassure.

Le personnel qui habite loin de l'hôpital est exténué. Un couple actuellement à Londres m'écrit pour me proposer leur maison dans le XVIe arrondissement. Morgane Garnier, une infirmière du service, saisit l'occasion pour se rapprocher de Pompidou, et se retrouve dans un magnifique hôtel particulier pour elle toute seule.

Encore un coup de téléphone de médecins, anesthésistes cette fois, qui se sont inscrits sur les plateformes régionales comme volontaires pour venir nous aider. Ils n'ont aucune nouvelle et attendent depuis dix jours qu'on les rappelle. Je donne leurs coordonnées à Mathilde Gisselbrecht, responsable de la répartition des volontaires, et nous décidons de court-circuiter le processus normal en étudiant directement leurs candidatures sans attendre qu'elles nous parviennent par la plateforme. Nous recevons ainsi quatre médecins en renfort aux urgences. Trois jeunes femmes d'un centre de santé et Christian d'Auzac, un ancien néphrologue de Pompidou à la retraite. Outre le grand avantage de connaître l'hôpital et d'être fort sympathique, il a l'expérience précieuse de l'épidémie d'Ebola en Afrique, pour laquelle il s'était déjà rendu volontaire.

Un élément positif : première perception d'un moindre flux d'entrants en réanimation. Grande prudence.

Je reçois un appel de la mairie. Depuis quelques jours, j'ai lancé une opération de testing PCR de la totalité des résidents des deux Ehpad de ma commune. Cette opération délicate a été menée grâce à une petite *task force* de trois personnes : ma directrice de cabinet Isabelle Gaspar, le biologiste Jean-François Roubache dont le laboratoire est situé dans la commune, et Xavier Pinta, qui est médecin généraliste et conseiller municipal. Les trois sont mes amis. J'ai toute confiance en eux. Les résultats de l'Ehpad de la Tournelle sont tombés. La moitié des aides-soignantes sont positives, ainsi que quelques résidents. Alors que je suis sur le chemin du retour, j'ai le directeur de la maison de retraite au téléphone. Les choses sont prises au sérieux puisqu'une bonne partie de l'état-major du groupe auquel appartient l'établissement est là. Ils hésitent sur la conduite à tenir. Je lui annonce que je serai sur place à 21 heures pour faire le point. Je profite de la demi-heure que j'ai devant moi pour téléphoner au directeur général de l'ARS de l'Île-de-France tout en avalant un morceau de pain et du saucisson qui traînent à la cuisine. Aurélien Rousseau me répond tout de suite. Très efficace comme d'habitude, il me met aussitôt en contact avec une de ses directrices. J'arrive à l'Ehpad où il y a pas mal de flottement. Il n'est pas simple pour un établissement privé d'annoncer la présence de l'épidémie en son sein. Je plaide que c'est justement le caractère volontaire de leur réaction qui démontrera leur efficacité. Ils ne sont pas responsables de l'épidémie ; ils sont en revanche responsables de leur réponse au défi qu'elle pose. Nous décidons que les résidents positifs seront regroupés dès demain au deuxième étage grâce aux renforts que la commune met à disposition. Le déménagement sera compliqué puisque les résidents vivent avec leurs meubles. Compte tenu de l'urgence de casser les chaînes de contamination humaines, nous décidons que seuls les résidents bougeront, sans leurs meubles. La question cruciale du remplacement du personnel malade se pose aussi. Il peut manquer la moitié des troupes dès lundi. Pouvons-nous compter sur un renfort de la réserve sanitaire ? La directrice de l'ARS me promet de faire quelque chose, mais ne peut s'engager que pour mardi. D'ici là, il va falloir s'organiser : je prends la décision d'affecter dans cet établissement privé des infirmières des crèches municipales fermées. Faire travailler des fonctionnaires dans un établissement privé : si je devais demander l'autorisation à une autorité administrative quelconque, elle me serait sans doute refusée. Vertu du circuit court de décision ! Tout le monde se quitte avec une feuille de route claire.

Samedi 4 avril

La poissonnerie Michelet est la plus vieille poissonnerie de La Garenne. Elle est tenue par Éric et sa femme Michelle, qui est également conseillère municipale. Comme le marché est fermé, ils ont ouvert leur entrepôt, rue Auguste-Buisson. Il y a une queue de vingt mètres. Je reviens avec un beau morceau de saumon pour toute ma tribu. Aurélien et Benoît font la cuisine. Aurélien, en particulier, a un vrai talent créatif. Benoît maîtrise mieux les plats italiens. Aurélien est architecte. Toute la journée, comme tous les autres, il est sur son ordinateur et travaille à distance. Tous les midis et soirs, il cuisine. À part le servir cru, je ne connais qu'une seule façon de préparer un saumon : au four avec un filet d'huile d'olive. En rentrant à la maison avec mon poisson, je le lui donne en lui confiant mon unique recette.

— Merci, oui, je vais voir.

Une heure plus tard, arrive sur la table de déjeuner un plat digne d'un restaurateur et assez éloigné de mes recommandations spartiates. Le confinement a du bon.

Après-midi à l'hôpital. Je fais un saut dans la chambre du père d'un vieil ami, qui est hospitalisé dans une unité Covid. Nous décidons de faire une surprise au fils en l'appelant par FaceTime. Il est tout heureux de voir son père.

Un journaliste bien connu de la presse écrite, sympathique homme cultivé, va mieux. Il va bientôt rentrer chez lui et trouve qu'on a fait des miracles. Le mot est flatteur mais faux. Nous subissons la maladie plus que nous la maîtrisons. Mais il me rappelle un de mes vieux patrons, qui m'avait fait la recommandation suivante : « Si un patient au pronostic désespéré vous demande si un miracle est possible, répondez toujours oui. Car c'est la définition même du miracle. » Il avait raison. L'homme que j'ai en face de moi n'a pas de pronostic désespéré : il va mieux mais sera sans doute longtemps fatigué. C'est une des inconnues de cette maladie. Comment se passe la convalescence ? Nous n'avons aucun recul pour répondre. Mais si on songe à d'autres maladies virales agressives, on peut s'attendre à ce que certains souffrent de fatigue, d'anorexie, d'anosmie ou d'essoufflement pendant des mois. Peut-être même de très nombreux mois.

Dimanche 5 avril

Pierre X., 60 ans, un collègue dermatologue, connu pour ses responsabilités associatives nationales, m'appelle alors que je suis en route pour l'hôpital. Je le connais depuis quinze ans. Lui et sa femme sont enfermés chez eux depuis le 25 mars. Il m'explique qu'elle est épuisée, incapable de bouger et même de se nourrir. Lui est dans le même état, bien qu'un peu plus alerte. Ils sont seuls et ont interdit à leurs enfants de leur rendre visite. Il me demande conseil. Depuis quelques jours, je me méfie de l'extrême fatigue qui peut cacher un état d'hypoxie. Je lui dis de venir aux urgences.

— Écoute, je ne suis même pas capable de conduire. On est dimanche. Je ne vais pas t'embêter. Je verrai ça demain.

Je dois insister :

— Appelle le 15 et ils t'enverront une ambulance.

Je raccroche, et ma voiture file vers Pompidou. Une heure plus tard, alors que je suis avec Loula Balgone, le médecin de garde, il me rappelle :

— Personne ne répond au 15. Je viendrai demain, ne t'inquiète pas Philippe.

Je me fâche et lui dis d'appeler un taxi.

— Sinon, je viens moi-même te chercher !

Loula Balgone. Nous avons travaillé ensemble il y a plus de dix ans quand je dirigeais le service des urgences de

Beaujon. À l'époque, je n'avais pas obtenu de poste pour elle, et ensuite, elle a fait carrière dans un centre de santé. C'est une excellente médecin que j'ai retrouvée à Pompidou, prudente, attentive et appréciée des patients. Je crois que je n'ai jamais reçu de réclamation d'aucun malade pour se plaindre de sa prise en charge, chose exceptionnelle dans notre spécialité si exposée.

Pierre X. vient d'arriver en taxi. Comme je le craignais, son épouse présente une pneumopathie Covid modérée qui nécessite de l'oxygène. Il faut l'hospitaliser. La surprise vient de lui : alors qu'il me décrivait un état plutôt préservé, il m'inquiète bien plus que sa femme. Même si ses échanges gazeux sont bons et qu'il n'a pas besoin d'être supplémenté en oxygène, son scanner montre des images en verre dépoli de la quasi-totalité des deux poumons. Quand on reprend attentivement l'histoire de la maladie, nous sommes probablement seulement à cinq ou six jours du premier symptôme. Les deux PCR sont prélevées mais les diagnostics ne font aucun doute. Nous hospitalisons les deux époux dans deux chambres différentes, l'un en face de l'autre. Il est inquiet pour sa femme, pas du tout pour lui.

— Prends soin d'elle, me lâche-t-il quand le brancardier le pousse des urgences vers son nouveau service.

Alors que je suis revenu à la maison pour fêter l'anniversaire de ma fille Marie, Régis Flagel, le propriétaire de la crêperie Onze de La Garenne, s'installe sur le parking des urgences avec son food-truck. Il m'appelle au secours. Un homme de la sécurité de l'hôpital s'opposerait à la distribution gratuite de crêpes. La raison invoquée ? La présence d'une bombonne de gaz dans son camion… Il va falloir bientôt aussi interdire les voitures qui ont en général un réservoir plein d'essence. Et les ambulances qui ont des bouteilles d'oxygène… Je dis à Stéphane Le Goff, le cadre, de gagner du temps. Il semble que les instructions viennent du directeur de garde. Après le violoniste contagieux, les crêpes explosives… Décidément, mes initiatives ne font pas l'unanimité. Résultat : après une heure de pourparlers, Régis parvient à distribuer quelques crêpes mais va s'installer dans un hôpital voisin sans doute moins exposé aux explosions de gaz. Je suis désolé pour lui et pour l'équipe. Dans *L'étrange défaite* de Marc Bloch, il y a un passage où des soldats épuisés, de retour du front où ils se sont courageusement battus, se font morigéner et punir par un général tatillon et à courte vue : leurs vareuses ne sont pas réglementaires. Le directeur de garde ferait un bon général de 1940.

À 20 heures, je suis dans le jardin et j'entends les gens applaudir. Certains me paraissent tout proches, juste derrière l'arbre. Les autres plus lointains. J'aimerais les remercier. Je respire profondément. Il fait doux. Les enfants se sont tus et chacun écoute. J'ai le sentiment que nous faisons simplement notre travail. Mais des soignants sont bel et bien morts et d'autres vont les suivre. La ville confinée remercie ceux qui trouvent normal de risquer leur vie.

Lundi 6 avril

Toute personne qui a déjà bu un café de salle de garde de l'AP-HP me comprendra. Le café y est typique. Aussi loin que m'emmènent mes souvenirs, et dans les différents hôpitaux que j'ai fréquentés, il a toujours le même goût. Ni bon ni mauvais. Un liquide noir parfumé, durement, avec une pointe d'aigre-doux. J'aime la constance de cette saveur. Comme j'aime ces nappes faites de draps de lits de malades, jaunes avec des rayures bleues. La permanence des choses est rassurante : on est chez soi. C'est peut-être ce sentiment d'être à la maison qui fait que nous sommes si nombreux à y dédier notre vie.

Alors que je trempe mon pain beurré dans ce fameux café, Xavier Jouven me parle des travaux en cours. Le Pr Jouven est cardiologue. Il ne sait pas que ma mère, qui l'a consulté deux ou trois fois, est tombée amoureuse de lui. Il aurait le physique de mon père jeune. En regardant les photos de famille, je n'en suis pas persuadé. Mais tant pis, l'important n'est-il pas la confiance que les médecins inspirent à leurs patients, même si elle emprunte des voies détournées ? Xavier est le spécialiste français des morts subites. Ses registres révèlent que le nombre d'arrêts cardiaques a récemment bondi de 100 % à Paris et en petite couronne. Ce phénomène pourrait être dû à une augmentation de la fréquence des infarctus du myocarde dans la population générale. Pourquoi ? Certains patients n'auraient pas consulté de médecin malgré des signes avant-coureurs de maladie coronarienne. Par peur de déranger ou d'être infectés, du fait de difficultés à joindre un praticien ou un service de secours. Peut-être aussi compte-t-on des embolies pulmonaires dans le lot, car on sait qu'elles sont plus fréquentes en cas de Covid-19. Dans tous les cas, cette mortalité supplémentaire est collatérale du Covid-19. Xavier Jouven ajoute le risque de séquelles invalidantes chez ceux qui ont survécu aux mêmes infarctus. On n'en a pas fini avec cette épidémie.

On parle maintenant d'une pénurie de surblouses. Le bruit court qu'il faudrait laver les surblouses à usage unique pour les réutiliser. Comme dans les hôpitaux de Kaboul que j'inspectais pour le commandement français, il y a dix ans.

Annonce absurde d'Olivier Véran. Seront testés les résidents des Ehpad « dès qu'un premier cas aura été détecté ». Cette décision vaut certes mieux que la situation actuelle, qui consiste à regarder les Ehpad s'infecter sans réagir, mais elle est inadaptée. Attendre le premier cas, c'est attendre que le ver ait le temps de s'installer dans le fruit. Avec tous les cas asymptomatiques, le risque est immense qu'il soit déjà trop tard quand un cas se manifestera. Cette décision va encore nous faire perdre du temps. Je réitère ma proposition lors d'une interview : il faut tester sans traîner tous les résidents et tous les personnels de tous les Ehpad. Puis séparer physiquement les résidents positifs des résidents négatifs. Et garder en quarantaine les personnels positifs pendant quatorze jours (plus deux jours sans symptôme). Et refaire cela souvent. Mais pour cela, il faudrait avoir des capacités en tests, du personnel et du courage. J'ai moi-même expérimenté mes recommandations en les appliquant à La Garenne. Je peux témoigner que cela demande une bonne dose d'engagement des équipes et d'acceptation des résidents.

Mardi 7 avril

Le déplacement des résidents de l'Ehpad d'un étage à l'autre, dimanche et lundi, ne s'est pas bien passé. Les intéressés n'auraient pas été prévenus, et ne voulaient pas abandonner leurs affaires personnelles. Il y aurait eu des pleurs quand les bénévoles chargés du déménagement se sont présentés pour les changer de chambre. Tout le monde était très affecté. Ces malheurs me touchent. Pouvait-on faire autrement ?

On continue à ouvrir des lits pour ne pas être dépassés. La directrice insiste sur la nécessité de faire tourner les équipes pour qu'elles ne se fatiguent pas trop. L'objectif est louable et je le partage. Mais je n'ai pas assez de médecins pour en mettre un seul au repos. Moi et d'autres sommes à l'hôpital tous les jours depuis le 15 mars, sans aucune pause. Les internes sont exemplaires. Une infirmière me dit qu'elle n'a pas pris de vacances depuis des mois. Elle avait tout bloqué pour partir trois semaines début avril. Elle est crevée. Les congés ont été ajournés.

Je vais rendre visite à Pierre X. et à sa femme. L'état de celle-ci est stable, ce qui est une bonne nouvelle. Il n'a pas été nécessaire d'augmenter le débit d'oxygène pour maintenir sa saturation. En revanche, Pierre m'inspire de l'inquiétude. Depuis hier, sans surprise après son scanner, il a été mis sous oxygène. À faible débit, mais il faut s'attendre à une aggravation. Nous sommes sur une mauvaise pente. Il est toujours inquiet pour sa femme et je le rassure. Il évite de parler de lui. Je le trouve vraiment fatigué. Nous l'avons à l'œil.

La Société française d'hygiène hospitalière nous transmet ses recommandations concernant l'utilisation des surblouses. Ses recommandations ne sont pas celles qu'elle formulerait en temps normal. Il y a pénurie de matériel et il faut rationner. Je n'aurais jamais imaginé vivre cela. Les « surblouses [...] à usage unique à manches longues » peuvent être nettoyées et réutilisées. Or un vêtement « à usage unique » ne devrait pas être réutilisé, par définition. Pourtant, il est clairement écrit que « le port de la surblouse à usage unique peut être prolongé pour la prise en charge consécutive de plusieurs patients Covid-19 ». La notion d'usage unique disparaît face à la disette.

La situation est tellement grave que même ces tenues à usage unique utilisées plusieurs fois, lavées et relavées, dont l'efficacité n'est plus garantie, peuvent manquer. La SF2H franchit alors la limite de l'acceptable et donne de fait sa bénédiction à l'examen de patients contagieux sans protection totale. Elle laisse entendre qu'on pourrait être en contact avec des sujets contagieux, les avant-bras dénudés, à condition de se les frictionner, avant et après, avec une solution hydroalcoolique. Là où la presse nous montre force photographies de médecins chinois en combinaisons de cosmonautes, on nous suggère d'aller au combat les avant-bras totalement découverts. Je pense à Nivelle qui envoyait ses soldats se fracasser contre l'ennemi. Et à cette série sur Tchernobyl, où l'on voit ces malheureux soldats envoyés déblayer le minerai radioactif sans protection sinon une misérable douchette censée retirer la radioactivité comme le gel hydroalcoolique le virus. Bien sûr, ici, le risque n'est pas aussi grand. Mais il n'est pas nul.

Cette désinvolture me révolte. Édicter des règles aux conséquences aussi graves de façon aussi bureaucratique et désincarnée. D'un bureau bien propre et à l'abri du grisou, on donne instruction aux gueux de descendre sans casque à la mine. Lequel, parmi les médecins hygiénistes auteurs de cette note, a pris le risque d'examiner un seul patient contaminant ? Lequel se risquerait à s'appliquer à lui-même ces recommandations de dénuement ? Sans doute sont-ils là-haut contraints par la pénurie de matériel de protection. Mais, vu d'en bas, on a l'impression d'être de la chair à canon. Un aide-soignant du service, qui avait défilé avec les Gilets jaunes, résume le sentiment général :

— Là-haut, ils s'en foutent qu'on s'infecte.

S'ils n'ont pas de pain, qu'ils mangent de la brioche.

Le professeur Jérôme Salomon, directeur général de la Santé, sort de sa léthargie pour nous annoncer que la semaine du 12 avril, c'est-à-dire un mois après le confinement, quelques masques seront distribués aux professionnels de santé de ville. Les chiffres avancés sont ridicules. Pire que ce que nous vivons avec les surblouses. Un médecin généraliste ou un infirmier libéral recevront dix-huit masques par semaine. Un kinésithérapeute, six seulement. Mais comme toujours, ce sont les humbles qui vont payer le prix fort. Les bataillons d'hommes et de femmes employés à domicile pour laver, nourrir, changer les vieillards grabataires restés chez eux recevront… trois masques par semaine et par patient. Trois masques par semaine ! Croit-on que les vieux ne mangent que trois fois par semaine ? Ne se lavent que trois fois par semaine ? Ne sont changés de leur couche pleine de merde et d'urine que trois fois par semaine ? Quelle déroute. Quel abandon. Quel mépris pour tous ces courageux, surexposés, et dont personne ne parle. Et pourtant, que de drames humains par eux évités, eux les seuls à prendre soin des vieillards à domicile depuis que l'hôpital, submergé, leur a fermé ses portes. Bien sûr, tout manque. Mais pourquoi moins bien traiter les aides-soignants et les aides à domicile que d'autres catégories professionnelles ? Sont-ils moins utiles ? Eux qui luttent pour qu'à l'épidémie de Covid-19 ne s'ajoute pas une autre épidémie, celle de l'abandon et de la solitude.

Toutes ces notes qui recommandent aux professionnels de ne pas se protéger afin de ne pas aggraver les pénuries ont une caractéristique commune. Jamais les pouvoirs publics n'y remercient les soignants, ni ne s'excusent de n'avoir pas été prêts, ni ne s'excusent de les mettre « à poil » face au virus. Jamais elles ne sont rédigées par des individus qui s'exposeraient eux-mêmes aux conséquences de leurs instructions.

Le préfet des Hauts-de-Seine a annulé l'arrêté municipal pris hier par mon collègue maire de Sceaux, Philippe Laurent, qui prescrivait le port du masque dans l'espace public de sa commune. Philippe a pourtant raison : avec le masque, on se protège et on protège les autres.

Le soir, réunion avec les professionnels de santé de La Garenne par Zoom. Tous disent la même chose : nous ne sommes pas protégés. Nous nous mettons d'accord sur un point clé. Les médecins qui le souhaitent vont transmettre à un médecin qui travaillera à notre cellule de crise la liste de leurs patients les plus fragiles pour qu'on les appelle régulièrement. Évidemment dans le respect du secret professionnel. Notre crainte est que certains patients en affection de longue durée ne disparaissent des radars.

Mercredi 8 avril

L'impression générale est que nous sommes enfin arrivés à un plateau de l'épidémie en Île-de-France. On note une stabilisation de l'activité de soins critiques, mais pas de décrue. Notre hôpital continue à appuyer ceux du Val-d'Oise et de la Seine-Saint-Denis à deux doigts de la saturation. Hier, on a quand même eu 595 passages de « cas possibles » de Covid-19 aux urgences d'Île-de-France. C'est-à-dire à peu près ce qu'on voyait le 1er mars.

Nous récupérons un jeune homme en mauvais état, qui a mal au ventre depuis trois semaines. Bilan : une appendicite aiguë grave qu'il faut rapidement opérer. Un ou deux jours de plus et il en mourait. Sur TF1, je lance un appel aux Français qui n'ont pas le Covid pour qu'ils se fassent soigner. Cette histoire est préoccupante. Après l'affaire des infarctus, elle confirme que nous aurons des victimes collatérales de l'épidémie, indemnes du virus mais qui ne se font pas soigner d'autres pathologies. Combien de cancers ne seront pas diagnostiqués durant ce confinement ?

Olivier Véran confirme ses propos concernant la stratégie de test dans les Ehpad : pas de test s'il n'y a pas un cas déclaré. Je ne peux pas croire qu'il ignore l'absurdité de sa position. Sans doute est-elle dictée par les difficultés à mettre en œuvre des tests à grande échelle. Mais là est son erreur : il devrait dire clairement qu'on ne teste pas les Ehpad parce qu'on n'a pas assez de tests. Les gens ne sont pas idiots. Ils savent que nous n'étions pas logistiquement préparés à l'épidémie. En l'avouant, Olivier Véran se démarquerait de la dissimulation générale. De mon côté, pour pousser le second Ehpad de ma commune à terminer les tests et à me communiquer les résultats, je prends un arrêté municipal. Mon directeur général des services doute de sa stricte légalité mais je ne vois pas le préfet oser le contester. Sur le territoire de ma commune, j'impose aux responsables des Ehpad et lieux d'hébergement collectif de tester tous leurs résidents. Pour faire bonne figure, j'inscris également l'obligation de communiquer à l'ARS, en plus de la commune, les résultats. L'Association des maires de France (AMF) ainsi qu'une vingtaine de maires d'Île-de-France m'en demandent copie.

Certains maires me disent que des laboratoires d'analyses biologiques refusent de tester leurs Ehpad. D'où vient le problème ? Un biologiste me donne son explication. Il y a certes le manque de matériel. Mais il y aurait aussi une question plus subtile d'économie générale du marché. Prélever tout un Ehpad nécessite des bras et beaucoup de temps : or la facturation des tests ne couvrirait pas tous ces coûts. Certains petits laboratoires y arrivent grâce au système D, par exemple en mobilisant des bénévoles comme je l'ai fait à La Garenne avec la Croix-Rouge. En revanche, quelques gros laboratoires d'envergure régionale ou nationale refuseraient de se lancer dans l'aventure de peur de perdre de l'argent, ou de ne pas en gagner assez. Ou n'ont tout simplement pas envie de bousculer leurs habitudes et process. Or, ces dernières années, ce sont eux qui ont raflé le marché des Ehpad en cassant leurs prix. Pour gagner trois misérables sous, certains Ehpad ont écarté les petits laboratoires de proximité à leur bénéfice. Aujourd'hui, ils sont dans leurs mains, piégés. Au téléphone, une vieille connaissance, cadre de haut niveau dans un des quatre plus gros réseaux de laboratoires, m'avoue sous couvert d'anonymat :

— On attend les tests immunologiques. Plus faciles, plus rentables. On ne va pas se faire chier avec cette PCR pour quelques semaines. En plus, ça rapporte que dalle.

Furieux, je lui rétorque que quand il arrivera aux urgences en étouffant il pourra se féliciter que mes médecins, infirmières et aides-soignants ne raisonnent pas comme ses patrons.

Sur les masques, le gouvernement continue à patauger et ne prend aucune décision claire. Je contacte François Baroin, président de l'Association des maires de France. Que pouvons-nous faire, nous les maires, pour protéger nos concitoyens ? Et pour bousculer ces ankylosés de la décision ? Il me propose de faire un communiqué solennel au nom de l'AMF. Je jette immédiatement quelques phrases sur un papier et les lui adresse :

> L'AMF recommande aux maires de conseiller à la population de porter un masque artisanal ou chirurgical sur la bouche et sur le nez durant les sorties autorisées. [...] Le masque artisanal en tissu peut être réalisé par tous moyens et confectionné par chaque utilisateur. [...] Même s'ils n'ont pas les mêmes caractéristiques techniques et sanitaires que les masques chirurgicaux, ils constituent une protection alternative dans une situation où la généralisation des masques chirurgicaux est malheureusement aujourd'hui impossible.

Voilà, c'est fait. Nous prenons un risque car le gouvernement laisse entendre que le masque est une fausse sécurité. En fait, c'est surtout Baroin qui prend un risque en me faisant confiance et en engageant son association. Mais on ne peut pas abandonner les Français dans l'ignorance. Le communiqué libère les maires qui voulaient agir.

Un journaliste de radio et de télévision raconte son expérience de patient hospitalisé. Alors qu'il est encore endormi et que le jour se lève, une aide-soignante fait irruption dans sa chambre.

— Mon Bichon, c'est l'heure de la douche.

Toujours assoupi et bien décidé à ne pas quitter son lit, il refuse de bouger :

— Mais je ne veux pas me doucher maintenant.

— Un Bichon, ça obéit.

Il a juste le temps de prendre conscience d'avoir été soulevé et mis sur une chaise roulante qu'il sent la douceur de l'eau tiède sur tout son corps. Il raconte cette histoire avec le sourire : ces aides-soignantes prennent soin de « leurs » malades comme on prend soin de ses propres enfants ou parents. Les grincheux diront qu'elle aurait dû respecter son souhait et ne pas le doucher. Mais notre homme est un optimiste : il y voit au contraire un plein d'humanité et une bienveillance de l'action et de l'amour. Soigner son Bichon, c'est prendre soin de son prochain.

Jeudi 9 avril

Première visite des deux psychologues pour soutenir les équipes. Elles sont dans la salle de staff, où nous discutons chaque matin des dossiers de la nuit passée. À la fin de la transmission, je les présente aux médecins. Elles sont toutes deux à notre disposition et passeront régulièrement dans le service. L'une est plus expérimentée que l'autre. J'hésite à rendre obligatoire un entretien pour chacun d'entre nous. Même si, aujourd'hui, je suis plus préoccupé par la fatigue physique qui frappe tout le monde dans le service, les risques d'épuisement psychologique existent. Aux urgences où l'exposition au danger est très grande, et en réanimation, où la mort est la plus présente. Mais dans ces structures, les équipes sont soutenues par leur hyperactivité et les marques extérieures de reconnaissance (par exemple, ces repas qui ne cessent de nous être livrés, ou la police qui vient le soir nous applaudir). Pour notre psychiatre Cédric Lemogne, le risque psychologique dépend de ce rapport entre l'intensité du stress et la reconnaissance dont les individus bénéficient à ce titre. Il craint surtout la phase d'après, quand les choses redeviendront plus normales et quand il n'y aura plus personne aux fenêtres à 20 heures. Actuellement, sa préoccupation concerne les services de médecine dont les soignants ont moins qu'ailleurs l'habitude de la mort à grande échelle.

Tout le monde se félicite de la première extubation en réanimation. La patiente a 83 ans. Je suis heureux de ce résultat : même si un cas ne fait pas une généralité, il démontre que, même âgés, les malades peuvent bénéficier de la ventilation et de la réanimation. Chacun autour de la table devine que cette dame a eu de la chance de tomber malade avant le pic. Elle n'aurait peut-être pas été ventilée, et serait probablement morte, si la maladie était survenue une ou deux semaines plus tard.

Martin Hirsch, par un mail général, nous annonce le décès de deux membres de l'AP-HP, atteints par le Covid-19. L'un était vaguemestre à Bichat où il travaillait depuis quarante ans, et il y est décédé. Une vie donnée à son hôpital, et que son hôpital a fini par dévorer. Le second était électricien à Antoine-Béclère. Il est mort chez lui. Martin Hirsch a pu parler à leurs proches. Il nous dit avoir été impressionné par leur courage. L'un et l'autre avaient exprimé à leur famille qu'ils savaient pourquoi ils se battaient. Ils savaient qu'ils contribuaient au combat commun. À 20 heures, quand les Français applaudissent les soignants aux fenêtres, ils ne pensent pas à tous ceux qui permettent à la machine-hôpital de fonctionner. Sans tous ceux-là, pourtant, les soignants ne soigneraient pas. Honneur à eux, les indispensables méconnus du combat sanitaire.

Vendredi 10 avril

Chaque jour, nous continuons à recevoir des repas de toute part. Quelqu'un de l'administration, qui a pourtant sans doute mille choses importantes à décider, prend le temps de m'informer qu'il faut désormais partager tous ces cadeaux avec les services qui ne reçoivent rien. « Parce que ce n'est pas juste… » La passion égalitaire de Tocqueville.

Très bon article de Jean-Louis Thiériot dans *Le Figaro*. L'efficacité de l'Allemagne dans la lutte contre le virus démontre qu'une autre politique de confinement était possible. Avant le confinement, j'évoquais que nous aurions pu confiner différemment les régions de France, selon l'intensité de l'infection observée. C'est ce que les Allemands ont fait, avec bien plus d'usines restées ouvertes que chez nous. Il aurait pu ajouter qu'avec 1 000 milliards de PIB de plus que nous, les Allemands ont de quoi se payer un système de santé moins étriqué.

Pierre X. ne va pas bien. Comme je le craignais, son état empire. Il a besoin de plus d'oxygène. Il est rassuré par l'état de sa femme qui, elle, en est presque sevrée. Hier inquiet pour son épouse, il se préoccupe maintenant de lui. Il comprend que nous sommes démunis face à l'aggravation de ses échanges gazeux. On va le passer aux soins intensifs. Et s'il faut l'intuber, on le fera. J'élude la question de l'intubation mais je le rassure en lui disant qu'on sera plus tranquilles pour le surveiller. Il comprend tout à fait :

— J'ai peur. Ne me laisse pas tomber.

Samedi 11 avril

Une artiste connue a été amenée ce matin par les pompiers qui l'ont trouvée par terre chez elle, incapable de bouger et trop faible pour parler. Elle est dénutrie, déshydratée et inquiète. Elle ne mange plus depuis dix jours, n'ayant avalé que de l'eau en bouteille et du sucre. Elle s'était isolée et avait coupé toute communication avec l'extérieur, de peur que quelqu'un ne vienne la voir et l'infecte. Elle récupérait tous les jours le plateau que sa femme de ménage, interdite d'entrée, déposait devant sa porte, mais ne le mangeait pas de peur qu'il soit contaminé. L'employée de maison, bien que rassurée de voir les plateaux disparaître, s'est alarmée de son silence, et s'est résolue à prévenir les secours. Le test PCR est négatif. Elle n'a aucun antécédent psychiatrique.

Tribune de Jean-Louis Bourlanges : « L'État a été le problème plus que la solution. » « Dire que tout doit changer sans jamais dire ce qui va changer, c'est s'exposer à ne rien changer du tout. »

Il y a certes les Ehpad. Mais il y a également tous les établissements qu'on pourrait qualifier « de confinement obligatoire » : les prisons, les hôpitaux psychiatriques, les établissements de convalescence (SSR : soins de suite et de réadaptation), et tous les établissements sociaux et médico-sociaux, par exemple dans le champ du handicap, les foyers d'hébergement ou ceux de l'aide sociale à l'enfance. Tous ces endroits ont des points communs qui les exposent. Non seulement y règne une certaine promiscuité, mais les résidents ne peuvent sortir et leurs déplacements à l'intérieur même de ces établissements sont limités. Ils ne peuvent volontairement en partir. Ils sont piégés. Les épidémies y sont donc particulièrement à craindre. Je demande que des tests y soient largement réalisés. Mon idée est toujours la même : partout isoler les positifs pour casser les chaînes de contamination. Cette question n'est pas seulement sanitaire : c'est une question de bon fonctionnement général de la société. Qu'arrivera-t-il si une épidémie se déclare dans une prison ? Les détenus exigeront d'être protégés et de sortir de ce lieu de contagion. Et en l'absence de réponse, ils se rebelleront. Sommes-nous capables de faire face à des mutineries dans plusieurs établissements pénitentiaires ? Non. Voilà pourquoi il faut prévenir les transmissions du virus en testant massivement.

Dans les Ehpad, des patients âgés enfermés dans quinze mètres carrés, ou dans des chambres pas plus grandes que des chambres d'hôpital, un encadrement famélique, des repas pris à la va-vite malgré la toux à chaque bouchée, des couches mises même à ceux qui sont continents pour ne pas avoir à les accompagner jusqu'aux toilettes, une existence clouée au lit, une douche par semaine dans la plupart des cas. On vous vend des cinq-étoiles et on se retrouve dans des hôtels d'autoroute. Certains Ehpad sont des pompes à fric et aggravent la dépendance.

Je discute de notre faillite avec Erwan Le Noan, éditorialiste à *L'Opinion*. Erwan est aussi le mari de Camille Bedin, une amie élue de Nanterre qui avait créé une structure pour aider des enfants méritants et de familles très modestes à déchiffrer les codes du système scolaire et universitaire pour éviter les nombreux chemins sans issue. Nous manquons de tout et, pourtant, nous sommes un des pays qui dépensent le plus d'argent pour les hôpitaux. Où va ce « pognon de dingue », comme dirait Emmanuel Macron ? Ailleurs que dans les soins. Pire, quand on fait des économies, on les fait dans les soins, par exemple en fermant des lits. La solution est pourtant simple : il faut cesser de faire des économies sur le soin et s'employer à faire maigrir les agences et les structures administratives. Et il faut décentraliser !

Dimanche 12 avril

Hier soir tard, discussion avec Jean-François Delfraissy, président du Conseil scientifique. Il me dit avoir choisi d'accompagner le président Macron à Marseille chez Didier Raoult « pour faire contrepoids », même s'il était réservé sur ce voyage. Raoult à Emmanuel Macron : « Moi je teste tôt, je n'en ai rien à faire des formes graves. » Réponse du tac au tac d'Emmanuel Macron : « Pas moi ! » Et Emmanuel

Macron de conclure sur Raoult dans l'avion du retour : « Je comprends mieux le personnage. »

Nous évoquons le déconfinement. Nous vivons tous avec l'idée que l'immunité ne sera pas parfaite. Il faut l'accepter : c'était pareil avec le SARS. Concernant la question de savoir s'il faudra déconfiner toute la population en même temps ou par vagues, Delfraissy est partagé. Selon lui, on peut diviser la France en trois groupes :

– La population la plus fragile : les plus de 70 ans et ceux qui souffrent d'affections de longue durée, de polypathologies, d'obésité… On estime à 17 millions ces gens à risque.

– La population générale moins à risque, bien que pouvant faire des formes graves : 50 millions.

– La grande précarité, les sans domicile fixe, les prisons, hôpitaux psychiatriques, etc. : 1 million de personnes.

Si on fait le choix du déconfinement par vagues, il faudra avoir en tête cette répartition. Le président du Conseil scientifique considère que pour déconfiner il y a des conditions absolues à remplir : un système de soins soulagé, des PCR en nombre pour dépister rapidement tout symptôme, et une force de frappe qu'il estime de 20 000 à 30 000 personnes pour traquer les personnes malades et les clusters. Je lui dis mon inquiétude concernant les écoles, avec ces dizaines de milliers de jeunes abandonnés et des parents qui ne peuvent pas travailler. Il faut rouvrir les établissements scolaires : les enfants, confinés, risquent d'exploser de rage ou de s'atrophier d'ignorance. On le voit déjà dans certains quartiers. Sans parler des violences vécues à la maison par certains enfants, sans l'école où trouver refuge. Sur ce point, nous sommes d'accord. En revanche, Jean-François Delfraissy est moins préoccupé que moi en ce qui concerne les prisons. On n'y observe pas la même explosion de cas que dans les Ehpad. Pourquoi ? Il évoque sans certitude un effet protecteur de la nicotine : il y aurait moins de formes graves chez les grands fumeurs, et comme en prison on fume beaucoup…

Ce soir, le Président annonce une date de déconfinement : ce sera le 11 mai. Il a raison d'attendre que passent les deux week-ends du 1er et du 8 mai, pour éviter que la foule ne se précipite dehors. La mauvaise nouvelle est pour les personnes âgées qui « devront rester confinées même après le 11 mai »… Emmanuel Macron prend par ailleurs un sérieux engagement sur les masques : chacun en aura un. Je suis surpris car un contact à Matignon me dit qu'on n'en aura au mieux qu'une quinzaine de millions. Serait-ce un pur effet d'annonce ? « En lien avec les maires, l'État devra permettre à chaque Français de se procurer un masque grand public. » Je ne comprends même pas cette phrase qui a pourtant l'air simple. Finalement, qui va commander les masques ? L'État ou les maires ? Il nous apprend aussi l'achat de 10 000 ventilateurs. Mieux vaut tard que jamais, mais où va-t-il les trouver ? Et, sans paraître ronchon, cela ne veut rien dire. Ce qu'il nous faut, ce sont des respirateurs de réanimation. Là aussi, l'ambiguïté règne. Là aussi, pourvu que ça ne soit pas de la communication.

Je note en revanche avec plaisir une inflexion dans le satisfecit présidentiel permanent. Selon Emmanuel Macron, l'État n'a pas « pu distribuer autant de masques que nous l'aurions voulu pour nos soignants, pour les infirmières, pour les aides à domicile ». Ce début de mea culpa est toutefois rapidement compensé par une tirade d'autojustification remplie à ras bord. Bien sûr, ça va mal chez nous. Mais ça va mal chez les autres aussi ! Et par un tour de passe-passe, nous voilà de nouveau comparés à l'Italie et à l'Espagne. Il affirme en substance que tous les pays ont été en mauvaise posture. (Je pense à la maxime : « Au royaume des aveugles, les borgnes sont rois. ») Ce qui est faux : la Nouvelle-Zélande et même la Chine ont été plus efficaces. Et pourquoi ne nous compare-t-il jamais à l'Allemagne ? Trois ou quatre fois moins de morts pour une population plus importante, et une économie moins à l'arrêt que la nôtre. Là-bas, il n'y a pas de tension sur les lits de réanimation, on y admet tout le monde, et le confinement n'est pas généralisé. Le pouvoir y est décentralisé, et les politiques régionales de santé adaptées aux besoins locaux. Alors que, en France, Paris continue à tout décider et à gouverner les provinces à coups de décrets et de circulaires. Notre État tout-puissant irradie de sa sagesse ankylosante et amatrice les coins les plus retirés du pays. Souvenons-nous : quand, pour répondre à la faillite de l'État, des régions étaient parvenues à commander des masques, l'Élysée en avait ordonné la réquisition…

Cette incapacité à reconnaître des erreurs et des insuffisances évidentes commence à se voir, et la confiance à en souffrir.

Lundi 13 avril

Hier soir, le Président a aussi répété la même promesse faite dix fois : on va isoler les personnes malades qui ne peuvent pas s'isoler elles-mêmes. Je suis comme saint Thomas. Dubitatif, car on en parle depuis le début, mais rien ne vient.

La politique de dépistage de la population est toujours aussi catastrophique. Non seulement on ne teste toujours pas la population générale, mais on teste mal ceux qu'on teste. Dans les Ehpad et dans tous les lieux de confinement obligatoire (hôpitaux psychiatriques, établissements sociaux et médico-sociaux, prisons), j'appelle une nouvelle fois à tester tous les patients et personnels afin de séparer les positifs des négatifs pour casser les chaînes de contamination. Quant aux malades qui viennent nous voir à l'hôpital avec des symptômes évocateurs, et que nous renvoyons chez eux car ils ne nous inspirent pas de crainte particulière et immédiate, nous continuons à ne pas pouvoir les tester faute de capacités suffisantes. Il faut cesser de les renvoyer à leur domicile où ils contaminent leur entourage. Il faut les isoler dans des centres comme des hôtels, le temps de récupérer le résultat de la PCR. Qu'attend-on ?

L'Inserm publie une étude avec le pire et le meilleur. Le meilleur : l'étude rappelle la nécessité d'un testing massif et d'une augmentation de nos capacités de réanimation. Le pire : les auteurs suggèrent de poursuivre le confinement total jusqu'à fin mai, puis de ne déconfiner que par très lentes étapes, en laissant les plus âgés enfermés jusqu'en…

2021. À aucun endroit les auteurs ne se posent la question des effets sociaux, économiques, psychologiques, politiques, juridiques et de santé publique d'un déconfinement aussi lent. L'homme est un animal social. Il ne peut vivre privé de relations. Espérons que ces chercheurs n'aient pas trop l'oreille de nos dirigeants. Certains se demandent encore à quoi ressemblerait une dictature sanitaire. À ça.

L'OMS, qui n'est décidément pas une entreprise d'optimisme, annonce qu'il n'est pas certain que l'immunité conférée par le virus soit acquise.

Un tigre a été testé positif au zoo de New York. Il aurait été contaminé par un soignant. Les propriétaires de chats et de chiens s'inquiètent. Sur son site, l'OMS rapporte que la contamination peut se faire de l'homme à un animal domestique et d'un animal domestique à un autre animal domestique. Je vais éviter d'en parler à Polka pour ne pas l'inquiéter inutilement. Mais pas de cas décrit dans l'autre sens, de l'animal domestique à l'homme. Ouf. On échappe à une épidémie d'abandons de nos amies les bêtes. Au Moyen Âge, on brûlait les chats noirs.

Mardi 14 avril

Le retour de la cacophonie gouvernementale n'aura pas tardé après le discours du Président. Quelques heures après l'annonce du déconfinement du 11 mai, chacun des ministres y va de son commentaire. Chacun a son idée de « comment ça va se passer », recyclant peu ou prou les mêmes éléments de langage. Ils parlent sans avoir rien à dire. Sentiment de brouhaha et de bavardage alors que les Français demandent à être rassurés. *Je ne sais rien mais je dirai tout* était le titre d'un film de Pierre Richard ; cela semble devenir depuis quelques heures le mot d'ordre gouvernemental. Par ailleurs, tous les commentateurs prennent pour acquis que le déconfinement aura lieu le 11 mai, oubliant que le Président a ajouté qu'il n'aurait lieu que si certaines conditions étaient remplies. Il est vrai que, n'ayant pas lui-même précisé ces conditions, il participe aussi à la cacophonie brouillonne en laissant ouvertes toutes les hypothèses sur lesquelles glosent ceux qui s'ennuient. Dans cette bruyante agitation, seul Christophe Castaner trouve la bonne formule : selon lui, le 11 mai n'est pas la date du déconfinement, mais le nouveau jour jusqu'auquel on poursuit le confinement, jusqu'à nouvel ordre. C'est la seconde fois, après l'intervention d'Emmanuel Macron annonçant le début du confinement, que le ministre de l'Intérieur doit « préciser » la pensée présidentielle. Il a raison de le faire. Mais il renforce l'impression générale d'impréparation des autorités et particulièrement du Président. Tout cela ne va pas améliorer la confiance générale des Français, déjà faible.

À Pompidou, la salle d'attente est la plupart du temps déserte car désormais, dès qu'un patient arrive, on l'isole. Touria El-Boukili est là, au milieu du couloir. Touria est une des cadres du service, grande, brune, au visage sérieux et souriant. Elle tient par la main un petit garçon de 8 ou 9 ans. Il s'appelle Alexandre et c'est le fils du patient que nous avions poussé en catastrophe en réanimation il y a quelques semaines, et qui y est toujours à ma connaissance. Sa mère présentait depuis hier soir des difficultés à respirer et c'est lui qui, ce matin tôt, a appelé les secours. Il n'y avait personne pour le garder et les pompiers n'ont eu d'autre ressource que de le prendre et le caler à l'avant de leur ambulance. Ils ne pouvaient pas le laisser seul. Pas de grand frère ni de grande sœur. Pas de grands-parents. Pas d'oncle ni de tante. Les services sociaux, habituellement mobilisés dans ces cas, ne répondent plus. Alors l'enfant a suivi le mouvement avec son cartable et une valisette rouge remplie à la hâte par sa mère pendant que les pompiers commençaient à lui administrer de l'oxygène. Cheveux blonds et courts, yeux bleus un peu perdus, air grave et impressionné, pantalon court foncé, chaussettes hautes écossaises et chemisette assortie, il répond poliment par deux ou trois mots aux questions qu'on lui pose. Il est manifestement ce qu'on appelle un « enfant très bien élevé ». Il s'adresse à Touria. « S'il vous plaît madame », il voudrait « demander quelque chose » à sa mère. On ne sait pas quoi mais Touria lui répond en souriant que ce n'est pas possible. « Pas maintenant, mais bientôt. » Épuisée, sa mère a griffonné depuis son brancard le nom et le numéro de téléphone d'un collègue de travail à qui confier Alexandre. Alexandre ne connaît pas cet ami. Il ne l'a jamais vu. En attendant l'inconnu, il insiste une dernière fois. Il doit vraiment « demander quelque chose » à sa mère. Il ne veut pas dire quoi. Timide, de nature ou du fait du contexte, il prend sur lui pour insister. On lui a sans doute appris que ce n'était pas correct de redemander quand un adulte avait dit non une fois. Il a l'air perdu et on aimerait accéder à sa demande. Mais sa mère est déjà sous assistance respiratoire. Même si on le voulait, même en faisant abstraction du risque d'infection, ou du risque de l'impressionner par le spectacle de tous ces appareils de réanimation, elle ne pourrait plus lui répondre « quelque chose ». Le collègue de travail inconnu arrive. Il a l'air pressé. Plutôt antipathique. Ne serait-il pas irrité par cette mission ? Peut-être simplement intimidé, ou paniqué ? L'enfant bien élevé qui pourrait être mon fils part avec son regard perdu, son lourd cartable et sa valisette rouge. Ce soir il dormira dans un endroit qu'il ne connaît pas. En le regardant s'éloigner, j'ai l'impression de l'avoir abandonné. J'aurais dû me débrouiller pour qu'on ne trouve pas l'inconnu. J'aurais dû téléphoner moi-même et faire un mauvais numéro. Je l'aurais emmené chez moi. Il aurait été bien à la maison avec les filles. Je m'en veux. Il faut maintenant se rattraper et vite lui rendre sa mère.

Dans une étude chinoise publiée il y a dix jours et que je ne lis qu'aujourd'hui, on apprend que durant le confinement 23 % des clusters sont nés dans les transports en commun, et 75 % dans le milieu familial. Cela confirme ce que je déclarais hier : il faut vraiment isoler dans des hôtels les sujets infectés ou suspects d'infection.

Ce soir comme tous les soirs, le directeur général de la Santé fait son show. Son travail est certes ingrat. Mais ne comprend-il pas que nous sommes las de l'entendre égrainer le nombre de morts du jour avec l'humanité de l'huissier de justice recensant les biens du père Goriot mort dans sa soupente ? Surveiller et compter les décès dans les Ehpad, c'est bien. Les prévenir serait mieux. Qu'attend-il pour agir ? Pour ordonner de tester et de séparer les positifs des négatifs ? Cet homme n'est pas un chef de temps de guerre. Il ne sait pas décider. Il se contente de subir.

Mercredi 15 avril

La diminution du nombre de cas hospitalisés se confirme.

Alors que la majorité des lits de l'hôpital a été réservée aux patients Covid, la question de la marche arrière se pose désormais. Devons-nous rebasculer ces « lits Covid » en « lits non Covid », c'est-à-dire rouvrir l'hôpital aux autres patients ? Les besoins sont énormes : nous avons abandonné à leur sort trop de malades chroniques pour nous consacrer au Covid. Pendant ce temps, leurs maladies ont évolué. Pour certains, les semaines perdues ne se rattraperont pas. Dès le 18 mars, 98 % des activités avaient été déprogrammées. Je pense à certains cancers non diagnostiqués ou non traités et à bien d'autres pathologies. Tout le monde est favorable à cette réouverture. Mais tous craignent la date du 11 mai avec le risque de remontée après le déconfinement. Si nous fermons trop de lits Covid pour rouvrir des lits non Covid, nous nous exposons à être surpris par une reprise de la maladie. Mais si nous n'en fermons pas assez, les malades non Covid vont encore devoir patienter, avec des dégâts parfois irrémédiables. Les autorités gouvernementales nous laissent nous débrouiller et ne font aucune évaluation de ces deux risques. Nous continuons à être seuls.

Je croule sous les paquets qui nous arrivent de toute la France et d'Europe. Encore des masques, des tenues de protection, des lunettes, des gants… Émotion devant cette enveloppe parmi tant d'autres, avec trois masques chirurgicaux et une carte : « Vous en avez plus besoin que moi. » J'essaye d'écrire un mot de remerciement à chacun. Sur Brut, interviewé par Rémy Buisine, je remercie les Français et les appelle à remettre aussi aux Ehpad et à leurs mairies leurs tenues de protection. Ils sont aussi utiles que nous.

Ce jour est un grand jour : des coiffeurs viennent nous couper les cheveux dans l'hôpital ! Je commençais à ressembler à un homme des cavernes.

Jeudi 16 avril

Nous recevons un message de Jérôme Salomon sur « la stratégie » de prise en charge des personnes âgées en Ehpad. Je n'ai jamais rien lu d'aussi creux, médiocre et décalé par rapport à la réalité. Il aura fallu un mois de confinement pour rédiger ce machin. Non seulement il est bien tardif, mais il ne répond à aucune des questions fondamentales. On attendait une vision et une stratégie. On nous sert des généralités. Les seuls éléments précis concernent la tarification des séjours. On attendait un plan de bataille, même trop tard. On a un procès-verbal de capitulation.

Sur les tests : toujours rien.

Sur la question critique de l'admission des personnes âgées en réanimation : rien.

Sur les conséquences inhumaines de cet enfermement : rien.

Des personnes âgées sont claquemurées depuis plus d'un mois, sans possibilité de voir personne. On aurait pu par exemple autoriser les parents à revenir, en les équipant de protections individuelles. Ou demander aux maires d'envoyer des bénévoles faire la lecture ou la conversation, dûment protégés bien sûr. Ces sujets ne sont même pas esquissés. S'ils ne meurent pas de Covid-19, les résidents des Ehpad mourront de solitude. La note de la DGS persiste même à limiter les visites des médecins traitants, qui sont pourtant parfois les seules figures extérieures susceptibles de rappeler aux résidents le monde d'avant le confinement. Rien non plus sur l'affectation massive de la réserve sanitaire aux Ehpad, alors que je continue à recevoir des mails de bonnes volontés qui se désolent de ne pas être rappelées. Les Ehpad sont abandonnés. Pourquoi ? Par incompétence.

D'après *Le Canard enchaîné*, le président de la République aurait déclaré à ses proches que je faisais un peu trop de politique, qu'on me voyait un peu trop sur les plateaux, et se demandait si je trouvais le temps d'être dans mon service. Nous sommes pourtant tous les deux en contact, une ou deux fois par semaine, via la messagerie Telegram. Il me demande régulièrement ce que je pense de telle ou telle nouveauté scientifique. Et quand il ne me demande rien, je lui donne mon avis ! Nos discussions nocturnes (entre 23 heures et 2 heures du matin) ont toujours été cordiales, nous nous disons franchement les choses, et il sait ma position d'opposant républicain. Il me paraît naturel de conseiller dans la crise celui qui conduit mon pays. L'intérêt de la France prime sur tout. Je fais de même avec plusieurs responsables politiques de tous horizons, afin de les aider à mûrir leur propre réflexion dans l'intérêt général. Je parle donc « sans fard » à Emmanuel Macron, comme il me l'a demandé. Aussi j'avoue ne pas apprécier la petitesse du propos rapporté par le Palmipède. M'estimant quelque peu trahi, je lui écris mon mécontentement :

> Monsieur le Président, juste pour vous rassurer, même si vous avez comme moi évidemment d'autres choses plus importantes en tête. Je ne fais plus de « plateau de télévision » depuis le 15 mars, et depuis cette date je suis à l'hôpital tous les jours. Douze à quinze heures par jour pour être précis. Quant aux émissions TV, « sans la liberté de blâmer, il n'est pas d'éloge flatteur ». Du coup, il m'arrive même de dire du bien de vous et de Véran. Mais il ne faudrait jamais croire ce qui est écrit dans *Le Canard enchaîné*.

Je ne conclus pas mon message par une formule de politesse. Ce qui ne me ressemble pas. Généralement, il me répond dans les minutes qui suivent. Là, rien : les princes n'ont plus l'habitude qu'on les engueule, même poliment.

Si Emmanuel Macron persiste à ne pas prendre les bonnes décisions, ce n'est sans doute pas parce que l'intelligence lui manque. On dit qu'il en a à revendre. Serait-ce un manque d'expérience de la vie ? Ou parce qu'il aurait pris goût aux médiocres courtisans incapables de lui faire remonter la moindre critique ? Je lui dis les choses et, manifestement, il n'apprécie pas alors même que nos discussions sont privées… Cette petite péripétie me rappelle Pierre Rézé, mon professeur de latin et de grec à Sainte-Croix de Neuilly, et son récit des triomphes des généraux victorieux dans Rome. Pendant que l'imperator défilait sous les hourras de la foule, les légionnaires qui suivaient son char lançaient des quolibets et le tournaient en ridicule. L'esclave qui tenait sa couronne de laurier le rappelait à la modestie pendant tout le défilé : *Cave ne cadas* (« Prends garde à ne pas tomber ») ou *Memento mori* (« Souviens-toi que tu es mortel »). Il ne fallait pas que le vainqueur puisse ne serait-ce qu'une minute s'imaginer en Jupiter.

Vendredi 17 avril

Check-list avant d'entrer dans la zone des soins intensifs affrétée dans les urgences :

Mon masque FFP1 est-il bien posé ?

Mes lunettes bien ajustées ?

La charlotte.

Ne pas oublier de faire un trou dans la manche trop courte avec mon pouce, afin d'attirer la casaque vers la main et bien couvrir tout mon avant-bras.

Bien choisir la taille de gants.

Stylo aisément accessible sans avoir à se déshabiller pour s'en saisir.

Mon stéthoscope a-t-il bien été nettoyé ?

La visière est-elle propre ?

Vous espérez que rien de dégoûtant ni de dangereux ne franchira les multiples couches dont vous vous couvrez. Vous êtes prêt. Vous entrez dans le sas de la salle de soins et passez le rideau d'isolement. Rapidement, vous vous sentez mal. Il fait trop chaud, vous essayez de ne pas respirer trop fort à cause de la buée sur les lunettes. La sueur fait glisser vos montures qu'il faut réussir à réajuster sans les toucher avec vos gants, car ceux-ci vont rapidement se contaminer. Par nécessité, vous devenez un expert en mouvements reptiliens du visage. Vous savez aussi que vous êtes parti pour plusieurs heures sans boire ni manger. Sans aller aux toilettes car il faudrait se déshabiller complètement puis se rhabiller. Or les tenues sont rares et le temps précieux. Alors vous vous économisez, parlez le strict nécessaire et, dans les moments de calme, vous vous asseyez sur un des rares sièges de ce petit espace. Vous observez. Le vieux monsieur qui semblait aller mieux est mort cette nuit. La jeune femme qui vous inquiétait tant est presque sevrée d'oxygène. Une infirmière tousse et vous lui demandez d'aller consulter car elle vous avoue qu'elle ne sent plus le goût des aliments depuis hier soir. Le sentiment d'enfermement est grand sous le masque. Quand arrive l'heure de sortir vous restaurer en milieu de journée, on vous tend d'abord le téléphone. Les familles privées de visite ont appelé plusieurs fois et vous attendent. Elles demandent bien sûr des nouvelles de leurs proches, mais, surtout, elles ont toutes un message particulier et comptent sur vous pour le transmettre. On vous charge de dire à leur parent combien il leur manque, combien on l'aime. On vous remet un dessin d'enfant. On vous dit de leur recommander de bien manger, de bien dormir, de ne pas avoir froid, de ne pas s'inquiéter. Ou de leur dire tout simplement quelque chose de gentil. Parfois on vous fait passer un message plus intime, des nouvelles d'une grossesse ou d'un enfant malade, ou la situation d'un grand-père dans un Ehpad, ou la sortie de l'hôpital de quelqu'un qu'on a connu. On vous suggère timidement d'embrasser ou de prendre dans vos bras celui qui vit déjà de l'autre côté. On tait les mauvaises nouvelles car il ne faudrait pas donner de drôles d'idées au destin. Vous êtes le seul lien entre deux rives. Vous avalez rapidement quelque chose et l'heure de repos est déjà terminée. Il faut y retourner car vos collègues vous attendent pour sortir à leur tour. Vous vous rhabillez étape par étape comme ce matin, et replongez dans cette étuve où il va falloir s'économiser pour tenir jusqu'au soir. Quand vient enfin le soir, vous transmettez à l'équipe de nuit la situation de chacun de vos patients. Vous sortez de l'unité de soins intensifs et franchissez le rideau dans l'autre sens. Dans le vestiaire, vous pouvez retirer chacune de vos protections en prenant garde de ne pas en toucher l'extérieur contaminé. Vous êtes en sueur, vous collez de partout. Votre nez coule. Vous sentez mauvais. Vous jetez vos gants, masque, charlotte et surchaussures dans la poubelle jaune. Même la surblouse à usage unique qu'on vous a demandé de garder à cause des ruptures de stock, vous la jetez. Vous refusez de jouer à ce petit jeu qui peut rendre malade un collègue. Vous vous lavez soigneusement les mains et enfilez de nouveaux gants pour nettoyer votre téléphone, votre stéthoscope, votre visière et vos lunettes de protection avec des lingettes. Vous retirez ces gants, les jetez avec les lingettes, et vous vous relavez les mains. Vous ôtez votre pyjama et le mettez dans un sac de nettoyage. À moins que vous n'en ayez qu'un. En ce cas, vous le gardez alors précieusement pour le lendemain malgré les instructions d'en changer chaque jour que vous a données une hiérarchie qui ne sait pas que la lingerie est débordée. Vous pouvez enfin vous moucher, boire une bouteille d'eau entière et avaler quelques morceaux de sucre. Aller aux toilettes. Vous enfilez les affaires civiles que vous aviez laissées dans votre casier ou votre bureau. Vous échangez les chaussures que vous réservez au travail pour celles qui vont vous ramener chez vous. Vous fermez la porte du vestiaire et récupérez votre voiture au sous-sol. Vous êtes fourbu. Vous conduisez dans un état second. Une fois arrivé, si vous êtes sérieux et pas trop fatigué, vous vous déshabillez dans l'entrée en plaçant vos affaires dans un grand sac qui file à la lessive. Si vous ne l'êtes pas assez, ou si vous êtes trop las, vous allez dans la salle de bains. Vous vous abandonnez longuement à la douceur de la douche qui vous enveloppe et vous permet d'oublier. Vous frottez abondamment vos cheveux pour y déloger le virus. Vous aimeriez laver votre cerveau des morts et des drames. Vous vous rhabillez. Vous aimeriez bien que quelqu'un comprenne ce que vous avez vécu. Vous aimeriez qu'on vous prenne dans les bras. Vous aimeriez qu'on vous sourie pour dire je sais ce que tu as vu. Vous vous allongez et attendez que le sommeil vienne. Ce soir, il va lui falloir un peu de temps.

Samedi 18 avril

La terre tremble. Le Pr Montagnier, Prix Nobel de médecine 2008, soutient que le virus aurait été fabriqué par les Chinois. Jean-François Lemoine, médecin et journaliste indépendant, sort le scoop sur sa chaîne santé « Pourquoi docteur ». Montagnier l'a appelé des États-Unis et ils ont enregistré cette nuit. L'accusation du Prix Nobel de médecine est énorme et Lemoine craint d'être taxé de complotisme. Je le connais et je sais qu'il n'a rien d'un complotiste. Mais pouvait-il refuser de donner la parole à un de nos Prix Nobel ? Pour équilibrer le débat, il me dit chercher à interviewer un virologue qui contredirait Montagnier. Mais il n'en trouve pas ! Selon lui, tous lui disent en privé que l'éminent biologiste délire mais aucun ne veut prendre le risque de l'affronter publiquement. D'après Montagnier, les Chinois travaillaient sur un vaccin contre le Sida et du matériel génétique modifié se serait retrouvé dans la nature, causant l'épidémie. Je n'ai aucune connaissance scientifique permettant de confirmer une telle thèse, mais je suis prudent. Je sais d'expérience que la vie est suffisamment folle pour ne pas en rajouter. On avait dit pareil pour le virus du Sida, qu'il avait été fabriqué par la CIA. Pourtant la sauce prend. D'après un journaliste politique du *Figaro*, l'Élysée prendrait au sérieux les accusations de Montagnier… Toute la journée, je reçois des appels d'élus de tous bords, qui sont troublés et me demandent mon avis. L'existence d'un laboratoire P4 dans la ville de Wuhan où est née l'épidémie n'arrange rien.

Dimanche 19 avril

Martin Hirsch lance COVISAN. Il s'agit d'organiser de petites brigades d'intervention qui iraient rencontrer les personnes potentiellement contaminantes pour leur proposer, à elles et à leur entourage, des mesures pour se protéger. L'idée est intelligente mais continue à interroger notre capacité réelle à tester et à isoler. Si on ne teste pas massivement et si on n'est pas capables d'isoler dans des hôtels les sujets positifs et les cas contacts le temps que le test soit récupéré, on n'y arrivera pas.

La tendance se confirme depuis deux semaines : diminution du nombre de patients admis dans les services de réanimation. Pour la première fois, il y en a moins de 1 000 à l'échelle de l'AP-HP. Nous devons maintenant rattraper le temps perdu pour tous les autres malades.

Il ne faut pas se cacher la vérité : nous aurons besoin de plus de lits de réanimation après le déconfinement qu'en mars. Parce qu'il nous faudra bien soigner, en plus des patients Covid, tous ces patients qui n'ont pas le Covid et dont nous avons repoussé les soins. On fait tout le contraire en commençant à démanteler tous ces lits de réanimation que nous étions parvenus à armer. Nous désarmons alors que l'ennemi reste à nos portes.

Trop tardif dans l'armement. Trop précoce dans le désarmement.

Sur toutes chaînes possibles, je plaide pour la généralisation du port du masque. Même un masque artisanal, c'est mieux que rien.

Lundi 20 avril

Depuis des semaines, j'alerte sur le drame des Ehpad. Rémi Salomon (à ne pas confondre avec Jérôme) est le président de la Commission médicale d'établissement de l'AP-HP. Une sorte de « président des médecins de l'Assistance publique ». Il écrit aujourd'hui les choses très clairement : « Le délaissement de ces institutions dont les responsables et acteurs demandent depuis des mois voire des années le renforcement des moyens, aboutit au cours de cette épidémie à une situation par endroits catastrophique. » Oui, s'il n'est qu'une leçon à retenir de cette crise qui n'est pas terminée (et il y en a tant !), c'est la façon dont nous avons abandonné les vieux. À l'image de celle dont on les traite depuis des années dans les Ehpad.

Je persiste à penser que nous aurions dû plus précocement et plus massivement transférer des patients de réanimation en dehors des régions touchées. En France et surtout partout en Europe. Mais la lourdeur de la machine administrative et l'absence de vision des chefs ont pris la main. Nos chefs sont des chefs de temps de paix. Parfaits pour défiler le 14 juillet. Désorganisés quand c'est la guerre. Le Premier ministre a donné hier une conférence de presse dans laquelle il se félicitait du travail, du courage, du dévouement et tout le bastringue, pour les 664 patients transférés hors de leur région d'origine. Exercice d'autosatisfaction qui trompe le confiné terrorisé devant les images de BFM. La question n'est pas les 664 patients transférés. Mais tous ceux qui ne l'ont pas été.

Nouveau communiqué de guerre du directeur général de la Santé concernant des envois de masques. Heureux calendrier puisqu'il est auditionné par l'Assemblée nationale après-demain. Les chiffres sont toujours aussi misérables : chaque médecin de ville continue à se voir distribuer douze masques chirurgicaux et six FFP2 (« maximum », dit la note, ne nous emballons pas) par semaine, et les personnes travaillant à domicile auprès de personnes âgées à recevoir trois masques par semaine. Le coronavirus est entré en France il y a trois mois exactement, et nous sommes toujours sous-équipés.

Pour pallier la pénurie de certains médicaments de l'anesthésie, l'Agence nationale de sécurité du médicament a autorisé l'importation de produits étrangers. Mais il y a un problème majeur. Quelqu'un, quelque part dans la soupente d'un ministère, a décidé que ces médicaments garderont leurs étiquettes en langue étrangère. Pourquoi ? Parce que c'est trop de travail voyons ! Sans doute aurait-il été plus intelligent d'assurer la production en France des stocks suffisants pour éviter cette déconvenue. Mais ne pas traduire les étiquettes étrangères en français est une folie, avec des risques importants d'erreurs. Comment distinguer un médicament d'un autre si les étiquettes sont en japonais ?

Je suis d'autant plus atterré qu'il ne s'agit pas de n'importe quel médicament : on nous parle de Propofol, un anesthésique général. Imaginons qu'un infirmier ou un médecin le confonde avec un antibiotique : croyant administrer ce dernier à un patient, il lui injecterait un anesthésique qui pourrait le tuer en l'endormant. En réunion de crise, je m'élève contre cette nouvelle trouvaille technocratique.

Mardi 21 avril

Pendant le staff, on nous appelle pour la détresse respiratoire d'un homme obèse de 53 ans. Dans le box de déchoquage nº 2, l'activité est fébrile. Beaucoup de monde s'affaire autour du patient. Trop de monde. On se gêne. Je fais sortir ceux qui n'ont rien à y faire. Le jeune réanimateur a des difficultés à l'intuber. Je m'habille en hâte pour lui donner un coup de main.

La reprise d'une activité chirurgicale normale est dans toutes les têtes. Les chirurgiens commencent à s'exaspérer : ils veulent opérer de nouveau. Les malades qui attendent de l'être sont aussi très impatients. C'est médicalement nécessaire, mais en avons-nous les moyens ? Il y a encore beaucoup de malades Covid en réanimation et on nous annonce une nouvelle pénurie de médicaments critiques, dont des anesthésiques, pour dans cinq jours. Les médicaments critiques sont irremplaçables et souvent utilisés pour traiter des maladies ou des situations qui peuvent mettre directement la vie en danger. Serge Morel, le directeur général de l'ensemble hospitalier qui réunit le Groupe hospitalier de l'HEGP, de Cochin-Hôtel-Dieu et de Necker, toujours sobre : « Peut-on reprendre l'activité alors qu'on n'a rien ? » Concernant la pénurie annoncée de cinq médicaments indispensables à l'anesthésie et la réanimation, la réponse du gouvernement est aussi subtile qu'une circulaire ministérielle : « On va réquisitionner. » L'expérience catastrophique de la réquisition des masques, qui a conduit à assécher les quelques filières d'approvisionnement qui survivaient, n'a manifestement pas suffi.

Mercredi 22 avril

Pour le Pr Raoult, toujours péremptoire, le virus devrait disparaître cet été. On me demande ce que j'en pense. Je n'en sais absolument rien, sinon qu'il faut se préparer à ce qu'il persiste. Pour ne pas être pris au dépourvu.

Olivier Bogillot, le patron de Sanofi, est sur BFM Business : « Nous allons relocaliser. — Pourquoi ne l'avez-vous pas fait avant ? le questionne le journaliste. — Parce que les nouveaux médicaments nécessitent des talents et des compétences qui ne se trouvent qu'en Europe. »

À Antoine Tesnière, qui fut mon interne et est aujourd'hui conseiller d'Olivier Véran, j'explique qu'il faut craindre une vague de patients non Covid après le déconfinement. Loin de diminuer le nombre de lits de réanimation comme on le fait actuellement partout, en suivant la décrue des patients

Covid, il faudrait au contraire l'augmenter. Il est d'accord :

— Il n'est pas question d'en fermer !

J'insiste en lui disant que c'est pourtant ce qui se passe partout. Il m'assure que non. Ce décalage entre le ministère et le terrain est incroyable. Je sais Antoine honnête : il n'est pas au courant. Le ministre appuie sur un bouton mais au bout de la chaîne, rien ne se passe. L'État est aveugle. Quelle anarchie. Où est l'autorité ? Qui a le gouvernail ? Y a-t-il même un gouvernail ?

Jeudi 23 avril

Ce soir, en rentrant, je regarde en replay les auditions de la commission d'enquête à l'Assemblée nationale. Interrogé par les députés sur les pénuries de masques, le directeur général de la Santé Jérôme Salomon explique avoir fait un audit des stocks lors de sa nomination et en avoir commandé 100 millions. Le chiffre est ridicule puisque le pays avait 600 millions de masques FFP2 et 800 millions de masques chirurgicaux sous Nicolas Sarkozy, selon une note au ministre de la Santé du 27 juillet 2011 révélée par *L'Opinion*. Aucun député ne relève. Son plaidoyer pour les masques est assez ambigu : « Le masque est utile quand on ne peut pas avoir de distanciation. » Assez habilement, Jérôme Salomon assourdit l'Assemblée sous un flot de verbiage et de chiffres. Il garantit que nous ferons 700 000 tests par semaine au moment du déconfinement et que nous isolerons les sujets positifs.

Ces objectifs me paraissent trop beaux pour être vrais. Mais qui sait ? Et que ne le fait-on pas aujourd'hui ? Toujours ce retard. Curieusement, il réfute l'idée de tester la population générale. J'avoue que je ne comprends plus : si on teste 700 000 personnes par semaine, c'est qu'on va forcément tester la population générale. Cette bouillie me trouble. Quant aux Ehpad, ils sont résolument abandonnés puisqu'il confirme la stratégie déjà présentée par Emmanuel Macron : les Ehpad seront testés dès qu'il y aura des cas. Autrement dit trop tard, puisque quand on détecte un cas, c'est que la contamination est en marche. Le virus court plus vite que nous. Il évoque avec enthousiasme l'essai clinique Recovery, et son « riche panel de médicaments ». Grâce à lui, il fait miroiter de solides espérances dans les stratégies thérapeutiques. Et peut-être même dès les prochaines semaines. Le député Joachim Son-Forget, en électron libre, évoque une circulaire de la Direction générale de l'offre de soins du 19 mars qui, selon lui, aurait incité à ne pas admettre les patients âgés en réanimation. Katia Julienne, directrice générale de l'offre de soins, nie l'existence d'un si scandaleux document. Elle enchaîne sur les 10 000 respirateurs annoncés par le président de la République et lâche une petite bombe qui passe inaperçue : sur ces 10 000 machines, précise-t-elle, seules 1 600 sont suffisamment perfectionnées pour ventiler les patients graves du Covid. Accablant. L'équipement minimal ne sera donc pas là si nous devions connaître une deuxième vague. Nous nous en doutions, mais ça n'amoindrit pas la colère inquiète : la parole politique ne vaut plus rien. L'important était d'annoncer 10 000 respirateurs. Peu importe qu'ils n'existent pas dans les faits. Peu importe qu'il n'y en ait que 1 600 utilisables en réanimation.

Décidément, cette crise du Covid aura d'abord été une crise de la vérité.

Vendredi 24 avril

Ce matin, réponse d'Emmanuel Macron à mon message irrité à propos de ses désagréables remarques dans *Le Canard enchaîné* : « *Le Canard* : ne jamais le suivre en ce qui me concerne je ne leur parle pas. J'ai compris en lisant. Vous avez des amis qui ont réglé leurs comptes ☺ mais quand j'ai quelque chose à dire je le fais direct ! »

Comme je ne suis pas rancunier (!), je lui écris de nouveau pour souligner ce qu'il faut mettre en œuvre afin que le déconfinement se fasse dans de bonnes conditions.

Monsieur le Président,

Pour déconfiner, il faut assurer plusieurs conditions cumulatives.

1. Des masques pour toute la population tout le temps (pas seulement dans les transports en commun qui, selon l'étude chinoise du *NEJM*, ne sont que pour 24 % des origines des clusters).

2. La capacité technique de dépister rapidement les clusters naissants : tests (les a-t-on ?), tracking…

3. La capacité d'isoler physiquement ceux qu'on découvre

positifs (chambres d'hôtel, centres de vacances...) pour ne pas les renvoyer infecter leur famille.

4. La réalisation d'une PCR à toutes les personnes « confinées obligatoires » (Ehpad, établissements handicapés et psy, prisons) (Véran se trompe quand il dit qu'il faut les tester seulement quand il y a des signes, car le papier du *Lancet* montre que la moitié (44 %) des infections se font quand on est asymptomatique). C'est vrai que ce n'est qu'une photographie, mais l'intérêt est de séparer les positifs et négatifs afin de freiner les chaînes de contamination internes.

5. Il faut reconstituer tous les stocks actuellement vides dans les établissements de soins (pénurie de médicaments, de surblouses...).

6. Et puis, fondamental, il faut des capacités hospitalières disponibles, en particulier en réanimation. Sur ce point, on n'y est pas du tout. J'y reviens plus bas.

Je serais votre conseiller, je vous conseillerais sur ces 6 points :

1. Sur les masques : dire que les masques, y compris artisanaux, sont obligatoires ou conseillés (et on peut les fabriquer soi-même). De toute façon il est probable que tout le monde en aura vu la mobilisation des maires sur la question. Publiez, comme le CDC d'Atlanta, le mode d'emploi pour les fabriquer soi-même.

2. Sur les tests : sur ce point, je ne maîtrise pas bien. Mais toutefois j'ai été frappé par la capacité des Chinois à tester de façon pragmatique, avec tous les moyens à leur disposition, même imparfaits ++ (sérologies de tout type, PCR, scanners mobiles +++). Nous, on a l'impression qu'on veut un truc parfait. Que nous n'aurons donc pas.

3. L'isolement des positifs ou suspects en hôtels réquisitionnés : facile à faire.

4. Sur la réalisation d'une PCR dans les Ehpad et autres lieux de confinement : facile à faire : dans ma commune de 30 000 habitants, j'y suis bien arrivé…

a) On peut faire plus de PCR qu'aujourd'hui, en mobilisant aussi les laboratoires de recherche fondamentale.
b) Certains laboratoires m'avouent qu'ils ne veulent pas faire la PCR car ce n'est pas rentable : augmentons la valorisation de l'acte et le marché suivra.
c) Une fois les 2 points remplis, vous pouvez aussi prendre un décret qui oblige ces établissements à faire les tests. C'est ce que j'ai fait avec… un arrêté municipal ! Ça ne résout pas tout, mais ça motive !
d) La prison est une affaire fondamentale. Car quand il y aura 5 morts Covid dans une prison, ce sera l'émeute.

5. Reconstituer les stocks :

a) Freiner les reprises d'activité non indispensables dans les hôpitaux, qui mangent actuellement des stocks déjà vides qu'il faudrait réserver à la future vague.
b) Pourquoi ne pas confier au ministre de la Santé le portefeuille du ravitaillement.

6. Sur nos capacités de réanimation : comme vous le savez, nous avons en vitesse de croisière 5 000 lits de réa. Nous sommes parvenus à les doubler. Depuis, on en referme peu à peu car il y a moins de besoins. Je pense que c'est une erreur.

a) Quand j'ai dit au cabinet Véran qu'il fallait arrêter de baisser le nombre de lits de réa, ils m'ont dit qu'ils ne les baissaient pas. Ils ne sont manifestement pas au courant de ce qui se passe.

b) Je pense que c'est une erreur de baisser dès maintenant les lits de réa car nous pouvons avoir en fait plus de patients à hospitaliser en réanimation à l'avenir que nous en avons eu fin mars. Pourquoi ?

c) Car fin mars, nous n'avons eu que des malades du Covid et qu'à l'avenir, nous pouvons avoir les mêmes (suite au déconfinement) + les non-Covid qui se dégradent.

Sur ce point, si j'étais votre conseiller, je donnerais instruction

- D'arrêter de défaire les lits de réa ouverts depuis le 15 mars (sauf peut-être les lits dans les couloirs ou ceux très dégradés).
- D'équiper dès maintenant 10 000 lits nouveaux avec les 10 000 ventilateurs que vous avez commandés. Il faut qu'ils soient prêts, même sans personnel, au cas où.
- Mais pour ça il faut casser quelques bras et beaucoup d'intérêts locaux que je pourrais vous décrire, mais ce message est déjà trop long.

Si on veut ouvrir des lits de réanimation en plus, on va avoir un problème de ressources humaines. Former un réanimateur demande quinze ans… Je ne vois guère d'autre solution que de faire appel à la solidarité européenne. Pourquoi ne pas créer une réserve sanitaire européenne ? Nous pourrions commencer par recenser dès maintenant les moyens humains disponibles dans l'Union.

La question des médicaments étrangers mis à notre disposition avec leur étiquette d'origine se termine bien. Je ne connais pas Renaud Cateland, le directeur de l'Agence générale des équipements et produits de santé. Mais dans cette affaire, il a tranché avec bon sens. Sur les ampoules des médicaments importés, les étiquettes en japonais seront bien remplacées par des étiquettes en français, éliminant tout risque de confusion. Ouf… mais que d'efforts il nous a fallu déployer pour déjouer la mauvaise idée d'une administration déresponsabilisée et coupée des réalités. Bien sûr, le génial fonctionnaire à l'origine de cette folle idée ne sera jamais sanctionné. À la différence des médecins ou infirmiers qui auraient provoqué un accident médical après avoir confondu deux ampoules du fait d'un étiquetage non traduit. Sans doute même ce génial fonctionnaire recevra-t-il la prime Covid, au même titre que les infirmiers et les aides-soignants.

Immense gentillesse de Christian d'Auzac, le néphrologue à la retraite qui, ayant quitté l'HEGP il y a cinq ans, est venu nous aider pendant la crise. Doux avec les patients et aimable avec ses collègues. Un homme que j'aurais bien aimé garder. « Dire ce qu'on apprend au milieu des fléaux, qu'il y a dans les hommes plus de choses à admirer que de choses à mépriser » (Camus, *La peste*).

Samedi 25 avril

Je suis un disque rayé qui répète en boucle que, dehors, il faut porter un masque. À la maison, les jeunes ont pour instruction de porter un masque quand ils sortent. Chacun a son masque artisanal car il vaut mieux ça que rien du tout. Je suis frappé par la différence entre les Français et les Américains. Le site du Center for Disease Control d'Atlanta est clair. En trois schémas accessibles à un élève de CM1, il indique comment se fabriquer un masque avec un tee-shirt. Au même moment, notre AFNOR nationale donne son mode d'emploi. C'est incompréhensible. Et pour lire leur modèle, il faut au préalable remplir un questionnaire administratif… La technocratie inefficace règne et nous tue.

Dans *Le Monde*, le sociologue Antonio Casilli, le mathématicien Paul-Olivier Dehaye et l'avocat Jean-Baptiste Soufron plaident pour le renoncement à l'application StopCovid qui va être développée pour suivre les patients infectés et cas contacts. Ils la décrivent comme un « projet désastreux piloté par des apprentis sorciers » et la comparent à un bracelet électronique généralisé. Ils mettent en exergue le risque d'utilisation et de croisement des données à d'autres fins que celles recherchées et accusent le gouvernement d'amateurisme et de naïveté devant ce danger. Ils ont raison sur le principe : aucune de nos libertés publiques ne doit être soumise aux impératifs sanitaires. La société postcrise sera à l'image des voies que nous aurons empruntées pour la juguler. Affaiblir une liberté fondamentale, même si nous sommes persuadés que c'est transitoire et dans l'intérêt général, c'est prendre le risque de ne plus la retrouver intacte dans la société d'après. Il en serait ainsi de toutes les libertés fondamentales qu'un gouvernant, même de bonne foi, pourrait songer à limiter même « transitoirement » et même « pour des motifs impérieux d'intérêt général ». L'« état d'urgence » est une situation exceptionnelle, ne jamais l'oublier.

Une liberté fondamentale blessée a du mal à cicatriser.

Je me méfie donc, comme les signataires de l'article, de

l'architecture très centralisée choisie par le gouvernement pour développer l'application. Les risques de piratage ou d'utilisation détournée des données existent. Pourtant, il nous faut bien un outil pour suivre les chaînes de contamination. La solution est peut-être justement dans la conception même du système. Car c'est bien le stockage des data dans des serveurs, et l'absence de garantie de ce qu'elles deviendront, qui est le problème central. Je regrette qu'on n'ait pas opté pour un modèle décentralisé, et que le gouvernement ait d'emblée fermé le débat sur cette question fondamentale. Sans doute les intérêts en jeu sont-ils énormes. Avec un tel choix, le gouvernement s'expose à un risque : que la future application ne soit pas utilisée par les Français. Qu'elle ne serve à rien.

Dimanche 26 avril

C'est le premier jour sans hôpital depuis le 11 mars. Depuis trois mois, je me lève tous les matins avec un objectif : me hâter. En m'endormant hier soir, j'ai décidé que je m'éveillerais tard, volets ouverts. Je regarderais le ciel et les arbres, surtout le grand pin vert et ses pies. Le chat serait à mes pieds allongé de tout son long, mon Dieu qu'il est immense. La matinée passerait entrecoupée de somnolences et de lecture, à picorer dans un des cinq ou six livres posés sur ma table de nuit. En m'endormant hier, je pensais à ce délicieux moment qui s'annonçait. Il fait jour. Il est 7 heures et j'ai les yeux ouverts. Le pin est là. Les pies aussi, qui crient très fort. Ma première pensée, immédiate, est pour ceux qui sont à l'hôpital. De ma chambre, je les vois finir leur nuit de garde à Pompidou. Bientôt la transmission. J'ai honte de ne pas y être. Je me lève et enfile une robe de chambre. Le chat est à sa place, immobile. Sur le palier, la chienne somnole sur le dos, vautrée sur le canapé. Elle ouvre un œil et me regarde passer sans bouger. Je descends l'escalier. La maison dort et je suis pieds nus. Le parquet puis la pierre sont doux. Dans la cuisine, j'allume la cafetière et saisis un numéro de *Match* qui a été laissé là. Je le feuillette en pensant de nouveau à Pompidou. En partant maintenant, je peux encore être à l'heure au staff transmission. Je prends ma tasse et vais ouvrir la porte du jardin. Nul bruit de la rue ni des voisins. Seulement les deux pies, là-haut, qui n'en finissent pas de se chamailler. Le différend doit être grave. Je m'assois. Mon café est trop serré et je l'allonge avec un nuage de lait. Je respire profondément ; je vais profiter de ce moment. Dans le salon véranda, j'ouvre une des vitres de la bibliothèque dans laquelle je range mes Pléiade. J'ai toujours aimé cette collection. Étudiant déjà, j'économisais peu à peu pour en acheter trois exemplaires chaque printemps, ce qui me donnait droit à l'album. J'hésite. Ce sera Corneille. De retour dans le jardin, je l'ouvre au hasard. « Ce que j'aime avec Corneille, m'avait dit Claire Bouleti, une amie cardiologue, c'est qu'il te suffit de l'ouvrir au hasard, n'importe où, et il y a toujours un vers magnifique. » C'est vrai.

Et sur mes passions ma raison souveraine
Eût blâmé mes soupirs et dissipé ma haine.

(*Polyeucte*)

Les pies ont cessé de crier. Je crois qu'on dit d'une pie qu'elle jacasse. Je vais passer mon dimanche avec Corneille.

Lundi 27 avril

Je reçois une femme dont le père a été admis en réanimation cette semaine après être passé chez nous. Ils sont garennois et elle m'a demandé rendez-vous. Je ne les connais pas. Je la reçois comme je reçois tout le monde. Dans mon bureau de l'hôpital, nous sommes masqués. Malgré le masque, je distingue une expression banale. Ses cheveux blonds décolorés sont aplatis avec une raie au milieu. Elle prend la parole et s'exprime d'emblée avec une lenteur, une délicatesse et une profondeur, et presque un souci de la langue et de tournures de phrase que son aspect ne laissait pas présager. L'histoire est hélas habituelle. Le père, diabétique, souffre d'une forme grave du Covid et il est en réanimation. Elle n'a pas eu beaucoup de contacts téléphoniques avec lui. Je me suis renseigné avant le rendez-vous : il n'est pas ventilé et son état est relativement stable. Mais elle me coupe : elle sait tout cela. Je constaterai d'ailleurs qu'elle a tout compris de la maladie, des traitements ou des évolutions possibles. Elle vient me voir pour autre chose. Elle vient parce qu'elle s'inquiète de ne rien connaître de l'environnement où vit son père. L'hôpital est un pays inconnu où aucun repère n'existe. Ne rien savoir du couloir de l'hôpital, de l'aspect du poste de soins ou de la chambre, de l'expression de l'infirmière ou de l'interne qu'elle a tous les jours au téléphone.

Tout cela est source d'infinie inquiétude. L'aide-soignant qui prend soin des aspects les plus intimes de la vie à l'hôpital a-t-il un regard dur ou bienveillant ? Le médecin a-t-il un visage jeune ou celui d'un homme plus mûr ? Inspire-t-il confiance ? Il m'est difficile de lui répondre. Mais nous parlons longtemps et j'essaye de la rassurer. Je lui montre même une chambre de mon service en prétendant que celle de son père ressemble à cela. Elle me quitte un peu rassérénée d'avoir été entendue et, sans doute, d'être entrée dans cet hôpital qui, du dehors, est une pénombre.

Pour les patients et leur famille, la confrontation avec l'hôpital est violente. Quand vous êtes hospitalisé, vous pensez d'abord que c'est un malentendu. Comment cette maladie dont on parle sur BFM pourrait-elle vous concerner ? Troublé, vous vous rendez bientôt à la raison. Oui, c'est bien vous dans cette chambre dont on ne peut sortir, avec l'oxygène, les médicaments et la perfusion. Il n'y a aucun malentendu. Vous êtes le malade et cela n'a aucune logique. Qu'avez-vous fait d'interdit ou d'inhabituel pour que le destin vous fasse un coup pareil ? À cette injustice s'ajoute la perte brutale des repères habituels. Hier encore, insouciant, vous décidiez de tout ; aujourd'hui, vous n'avez plus la main sur rien. Petit objet brinquebalé, vous avez perdu le contrôle. Amélioration, aggravation, rien ne dépend plus de vous. Quelqu'un a changé la règle sans prévenir. Peu à peu, votre horizon se réduit à une seule question : « Que va-t-il m'arriver ? » Ou, comme dans une loterie : « Ai-je tiré un bon numéro ? » L'hôpital est cette boîte noire où il n'y a pas de pourquoi. Rien n'a de sens. Pour le malade, évidemment. Pour sa famille peut-être plus encore : interdite de visite, elle n'a pas même le réconfort qu'offre la simple observation des choses. C'est là que nous, soignants, intervenons pour aider à saisir la nouvelle logique à l'œuvre. Au début, ce ne sont que quelques grains de raison dans cette déraison. Puis en expliquant ce que nous savons, avec prudence, tact et discernement, « nous redonnons un compas dans la nuit. Mais que, parfois, l'obscurité est épaisse ! ».

Clemenceau dans *L'Homme libre* du 15 juillet 1914 : « Je me suis permis de dire que nous ne sommes "ni défendus ni gouvernés". Ce n'est pas une question de régime, comme certains ont feint de le croire, mais une question d'homme. Nous demandons des volontés, des volontés d'action, au lieu des "nolontés" d'inertie parlante, sous le poids desquelles nous sommes menacés de mourir. » Permanence des faits et des événements.

À Lille, 47 % des patients infectés entrant en réanimation sont obèses. Il y a une relation directe entre l'indice de masse corporelle et le risque de se retrouver sous ventilation artificielle. La fiche MARS sur obésité et Covid est accompagnée d'une autre sur les sujets âgés. Dans la fiche sur les obèses, on lit cette phrase : « Les enjeux sont d'alerter sans stigmatiser. » Expression blessante à l'égard des soignants : comme si nous avions l'habitude de « stigmatiser » telle ou telle catégorie de patients. Cela en dit long sur l'idée que se font de nous quelques sous-chefs de bureau du ministère. Accessoirement, je note que le scribouillard qui a rédigé les deux notes ne fait pas mention d'un quelconque risque de stigmatisation en ce qui concerne les personnes âgées. Et pourtant…

Un débat s'est développé sur le fait que les personnes âgées auraient eu moins accès à l'hôpital et aux réanimations qu'en temps normal. Ce débat s'est nourri de plusieurs de nos observations. C'est pour beaucoup une évidence : à gravité identique, les personnes âgées ont moins de chances d'aller en réanimation pendant le confinement qu'elles n'en avaient avant. Dans quelles proportions ? Seule une analyse a posteriori le dira. Toutefois cette note MARS intitulée « Prise en charge des personnes âgées à domicile hors Ehpad… » apporte quelques éléments intéressants. On y lit qu'« au 13 avril, les personnes de plus de 70 ans représentent 57 % des personnes hospitalisées pour Covid en hospitalisation conventionnelle, et plus de 30 % des patients de réanimation et de soins intensifs ». N'est-il pas éclairant que les patients âgés ne représentent que 30 % des patients de réanimation alors que, étant les plus exposés aux formes graves, ils devraient en représenter une part bien plus grande ? Il y a bien un filtrage à l'entrée en réanimation. Mais les choses ne sont pas aussi simples : ce filtrage a pu être effectué sur d'autres critères que l'âge. En particulier compte tenu d'états physiques très dégradés ne permettant pas d'espérer un bénéfice du passage en réanimation. C'est une hypothèse aujourd'hui invérifiable. Mais s'il se confirme qu'un tel triage a bien eu lieu, comme je le pense, il faudra en tirer les leçons.

Cette fiche MARS est une instruction ministérielle à l'usage des professionnels. C'est dire son importance. Elle est d'apparence technique et sage. Mais mon opinion est qu'on y lit et décrypte aussi un état d'esprit particulier, selon lequel le malade âgé n'aurait pas tout à fait les mêmes droits que le malade jeune. Je suis conscient de la violence de cette interprétation. Mais comment interpréter différemment certains passages de la note ? Par exemple, pour faire admettre à l'hôpital une personne « très » âgée, même sans comorbidité, il faut passer par une procédure « collégiale », c'est-à-dire obtenir l'autorisation de plusieurs médecins. Plus même, l'avis du patient, principal intéressé, n'est pas évoqué. Accepterait-on que la décision d'hospitaliser une personne jeune soit soumise à une telle procédure ? Non bien sûr : l'hôpital serait librement ouvert à la personne jeune, sans discussion, via les urgences. Les patients font bien l'objet d'un traitement différent selon leur âge. L'avis (on ne parle même plus de l'accord…) du patient âgé sur le processus de soins qui le concerne n'est évoqué qu'au paragraphe sur les soins palliatifs. Y est soulignée l'importance des directives anticipées dont on sait justement qu'elles servent surtout à des décisions de limitation. Il n'est pas non plus anodin qu'en de nombreux endroits du texte le « patient âgé » laisse la place à la « personne âgée », c'est-à-dire un être dépouillé de sa qualité de malade et ramené à son seul âge. Avoir la qualité de « patient », c'est la garantie que la médecine va s'occuper de vous. Mais quand vous perdez cette qualité et redevenez une simple « personne », avez-vous toujours le droit à la même médecine moderne, technique, invasive et efficace ? Je sais bien que personne ne lit ainsi à la lettre ces recommandations. Et qu'aucune arrière-pensée de ce type n'anime la quasi-totalité des médecins. Mais ne soyons pas naïfs. L'utilisation de certains mots ou expressions ainsi que le développement de procédures d'apparence technique, et imaginées pour le bien du patient, peuvent modifier insensiblement les mentalités, jusqu'à, un jour, rendre par exemple acceptable le fait de ne plus réanimer un malade très âgé au seul motif qu'il est très âgé.

Jérôme Salomon, DGS : « J'encourage le port du masque pour tous. » Le 4 mars, le même : « Le masque n'a aucun intérêt pour le grand public. »

Ce revirement éveille trois réflexions.

1. On a le droit de se tromper, même en politique. Mais quand on est aux affaires et qu'on se trompe, il faut avoir le courage de l'avouer pour rester crédible.

2. Certains pensent que les membres du gouvernement (j'inclus Salomon dedans, comme un pseudopode), du Premier ministre Édouard Philippe à ceux qui s'exprimaient sur la question, ont délibérément menti en expliquant qu'il ne fallait pas porter de masque. Leur thèse est qu'ils auraient préféré mentir sur l'utilité du masque plutôt que d'avouer notre impréparation. Je ne sais quoi penser de cette grave accusation. Elle paraît énorme, mais je réentends Sibeth NDiaye, la porte-parole d'Emmanuel Macron, expliquer avec aplomb qu'elle mentirait sans état d'âme si cela s'avérait utile à Emmanuel Macron.

3. Je me souviens d'Agnès Buzyn assurant le 26 janvier qu'il n'y aurait pas de pénurie de masques. Je lui ai fait confiance à l'époque. Si je n'avais pas été trompé, j'aurais sonné l'alarme sur les masques comme je l'ai fait sur les tests, le confinement, les Ehpad, les prisons ou les masques en tissu.

De l'hôpital, je participe à la première réunion du Conseil stratégique de la région Île-de-France présidé par Valérie

Pécresse. Nous, les scientifiques, devons éclairer les dirigeants politiques. Nous le faisons avec nos hypothèses, nos doutes, nos connaissances même incomplètes, pour leur permettre d'appréhender la complexité d'une situation. Puis c'est à eux de décider. De la somme de nos incertitudes et de nos hypothèses, mais aussi de facteurs extramédicaux, ils doivent accoucher d'une décision politique acceptable, opérationnelle et compréhensible. Après avoir été nourri des « peut-être » des scientifiques, le politique doit répondre par « oui » ou « non ». Ouvre-t-on les écoles ? Doit-on mettre un masque ? Quand ? Où ? La décision politique est un exercice de synthèse qui n'appartient pas au scientifique. Être déchargé des conséquences politiques de ses observations rend le scientifique libre. Il faut toujours rappeler ce qu'un expert peut apporter au politique, et ce qu'il ne peut pas.

Au Conseil stratégique, le professeur Éric Caumes, de la Pitié, explique bien la surmortalité de la Seine-Saint-Denis et des arrondissements du nord de Paris par la pauvreté et le confinement dans de petites surfaces. Plusieurs participants expriment leur inquiétude concernant le quartier d'affaires de la Défense : le coronavirus peut-il passer dans les gaines de ventilation ? Si oui, que deviennent les tours de bureaux ? Que des aérosols passent d'une pièce à l'autre par des systèmes de ventilation paraît évident. Cela a été montré pour d'autres agents infectieux. Mais peut-être y a-t-il différents systèmes de ventilation et de climatisation ? Il faut rapidement une expertise sur ce sujet dont les conséquences peuvent être majeures.

À La Garenne, l'inspectrice de l'Éducation nationale s'active depuis plusieurs jours. Elle envisage un retour progressif à l'école. Mais pas plus de quinze élèves par classe. Je demande ce qu'on fera des quinze autres. Elle l'ignore mais elle ne fait qu'appliquer les recommandations de son ministre, qui a été beaucoup absent depuis deux mois. Elle m'annonce compter recevoir des masques pour tous les élèves. Je suis surpris mais n'en dis rien.

Mardi 28 avril

Les pompiers nous amènent les victimes du premier accident de la circulation depuis un mois et demi. Les chiffres de Covid se dégonflent. Mais nous voyons revenir des patients non Covid. Beaucoup de malades atteints de cancers non diagnostiqués du fait de l'arrêt de tous les soins non urgents consultent, certains dans des états hélas avancés. Nous avons malheureusement peu de places pour eux et nos collègues oncologues sont sursollicités. Nous devons engager un travail de transformation de quelques box Covid + en box Covid –, opération plus longue que prévu car il faut chaque fois un ou deux jours de bio-nettoyage pour les désinfecter et pouvoir les utiliser sans crainte. Mon adjointe Isabelle Vassor met tout cela en musique.

Selon Martin Hirsch, les contaminations de personnels hospitaliers baissent de manière régulière depuis trois semaines. Cette déclaration me remet en tête le décès de Justine Raharivelo, 48 ans, survenu le 9 avril. Elle était aide-soignante au centre hospitalier de Châteauroux et a laissé quatre enfants mineurs. Mon ami Gil Avérous, le maire de

Châteauroux, lui a rendu hommage. J'ai trouvé intéressant le projet du député de l'Indre François Jolivet, qui souhaitait accorder un statut particulier aux enfants de soignants décédés du virus, semblable à celui de « pupille de la Nation », grâce auquel la scolarité, les études et la protection sociale de ces orphelins seraient prises en charge par l'État. L'idée est bonne. Je ne sais pas où on en est. Il faudra pousser.

Un soignant contaminé au Covid écrit à Martin Hirsch : « Je me suis senti seul dans mon angoisse et dans ma souffrance. Je regrette qu'il n'y ait pas eu au début de support logistique et psychologique pour le personnel de santé malade. » Désormais, on peut compter sur le numéro d'écoute 24 h / 24, où des psychologues répondent.

Les réseaux sociaux qui fulminent contre les « contradictions » des médecins n'ont pas compris que la science avance toujours par confrontation. Il faut beaucoup se disputer pour arriver à un consensus. Ce qui dérange un monde moderne qui qualifie de « clash » toute « dispute intellectuelle », et qui se prétend épris de liberté tout en jugeant inacceptable que tout le monde ne raisonne pas au même pas.

J'écoute le Premier ministre : il faut protéger, tester, isoler. Il le répète en boucle depuis deux mois. Que ne le fait-il pas ? Beaucoup réduisent la politique à un art de communication. Ils se trompent. La politique est un art d'exécution. C'est plus difficile.

Mercredi 29 avril

Nouvelle alerte. Après la Grande-Bretagne, de jeunes enfants ont été hospitalisés à Paris dans un état grave avec des symptômes évoquant une maladie de Kawasaki. Il s'agit peut-être de manifestations inflammatoires cardiaques et vasculaires de l'infection Covid. Même si à Necker, sur douze cas, il n'y a que quatre Covid-19 confirmés et si, avec vingt-cinq cas en région parisienne, on ne peut pas parler de grand péril, l'inquiétude monte. Le président de la République m'écrit un message pour me demander ce que j'en pense. Je me tourne vers mes collègues pédiatres. Ils sont préoccupés mais s'interrogent sur la véritable relation entre ces manifestations et le Covid-19. Sans attendre de mieux comprendre, les médias s'emballent. À quelques semaines de la reprise scolaire, l'enjeu est grand. Effrayés, les parents pourraient décider de ne pas renvoyer leurs enfants à l'école. Clarifier la situation et la présenter de façon transparente : c'est la seule façon de regagner la confiance des Français.

Depuis le confinement, tout l'hôpital se serre les coudes. Il n'y a plus de « malades des urgences », de « malades de cardiologie », de « malades de médecine interne », mais des « malades » tout simplement, et de la bienveillance de tous à l'égard de tous. Les épreuves cimentent les intelligences. Quand un patient doit être hospitalisé parce que son état le nécessite, peu importent les symptômes dont il souffre et la spécialité dont il dépend : on lui trouve un lit et les spécialistes en charge de son unité le soignent sans discuter.

Papier encourageant de *Nature Medicine* : on se demandait si tous les patients développeraient des anticorps après l'infection. Sur les 285 malades du Covid-19 de cette étude, 100 % avaient des anticorps dix-neuf jours après le début des symptômes. Le temps médian de séroconversion était de treize jours, et le taux d'IgG et d'IgM (c'est le nom des anticorps) était plus important dans les formes graves. Grâce à la mesure de ces anticorps, les auteurs ont même pu confirmer le diagnostic de Covid-19 chez quatre patients suspects dont la PCR était négative. Ils font donc la proposition de coupler PCR et sérologie pour améliorer le diagnostic de la maladie. Un point reste en suspens : ces anticorps confèrent-ils une réelle immunité, solide et durable ?

Réunion Zoom avec mes adjoints au maire. La question des écoles domine les discussions. Le gouvernement déclare avec raison que les enfants doivent retourner en classe. Mais il confirme ce que me disait l'inspectrice : les cours auront lieu à demi-effectif. À quoi occupera-t-on la moitié de l'effectif qui ne sera pas en cours ? La direction d'académie finit par nous avouer ce qu'on craignait : les enfants ne viendront à l'école que par roulement, les lundi-mardi ou les jeudi-vendredi. À un tel rythme, ce ne sera pas de l'enseignement mais de la garderie ! Quant aux parents qui devront retravailler, à eux de se débrouiller pour garder leurs rejetons deux jours par semaine. Cette situation n'est pas acceptable pour les enfants et leurs familles. Cette reprise scolaire ressemble à un nouveau plan de communication. À La Garenne, nous décidons de nous organiser. Tous les enfants devront être accueillis tous les jours. Quand leur demi-groupe n'aura pas cours, des agents municipaux les prendront en charge. Je ne me fais guère d'illusions sur le remboursement par l'État des coûts de cette opération. Tant pis, il faut agir. Nous ferons des choix sur le budget communal. Tout le monde se met à l'ouvrage avec cœur et détermination. Cette Éducation nationale aura été une des plus calamiteuses administrations depuis deux mois. Pendant le confinement, combien d'élèves, de collégiens ou de lycéens ont réellement eu cours tous les jours ? Pas des pseudo-cours qui consistaient à recevoir par mail des instructions de devoirs ou de lectures de leçons, mais de vrais cours quotidiens, en direct, par Zoom ou par tous ces moyens accessibles sur tous les portables ? À ceux des élèves ou des professeurs qui n'étaient pas pourvus de moyens de communication, combien de tablettes l'Éducation nationale aura-t-elle distribuées ? Heureusement que quelques professeurs ont sauvé l'honneur, en s'astreignant quotidiennement au difficile exercice de l'enseignement à distance. Ils seront ceux qu'on brandira après la crise, pour tenter de prouver que le système a tenu. Mais combien furent-ils ? On ne le saura jamais. On ne tirera aucune leçon de cette déroute. Ni au niveau du ministre ni au niveau de personne.

Jeudi 30 avril

En salle de garde où nous finissons notre café-biscottes, un interne de médecine m'annonce que la mère du petit garçon qui m'avait tant ému a regagné son domicile. Il n'a pas de nouvelles du père. Cela me fait penser à Maxime

H., un vieil ami de mon père, qui est hospitalisé dans l'établissement. Depuis trois jours, je compte aller le voir. Chaque fois, pris dans le maelström de la journée, je n'y pense qu'une fois rentré chez moi. J'ai toujours connu cet homme, et il m'a toujours semblé jeune. Je l'avais croisé en novembre dernier et, à 75 ans, il continuait de donner l'illusion de n'être pas celui que prétendait son état civil. Célèbre, intelligent, grand débatteur, écrivain, sportif et bon vivant, il respire tellement la forme que personne, quand on les voit ensemble, ne se rend compte que sa femme a vingt-cinq ans de moins que lui. Je l'avais accueilli aux urgences peu après le confinement. C'était il y a des milliers d'années. Son état respiratoire avait évolué en trois temps. Une première phase inquiétante de quarante-huit heures où tout avait semblé le conduire directement vers l'intubation, puis une phase d'amélioration progressive qui avait duré cinq ou six jours, suivie d'une nouvelle période d'aggravation, cette fois-ci très rapide, en quelques heures. Je note pour m'en souvenir que sa femme avait beaucoup insisté pour qu'il puisse recevoir l'hydroxychloroquine, qui était alors considérée par certains comme un médicament miracle. Cela avait été fait, sans résultat puisqu'il avait fallu l'intuber. Il était resté trois semaines sous ventilation mécanique et j'étais passé le voir deux ou trois fois sans qu'il le sache puisqu'il était endormi artificiellement. Je passe sur toutes les péripéties dont il avait souffert en réanimation, infection nosocomiale, embolie pulmonaire, escarres. Et bien sûr une fonte musculaire importante. Après un premier échec de sevrage ventilatoire, il avait finalement pu être extubé, et sortir de réanimation. Depuis trois jours, il est hospitalisé chambre

451 (je m'en souviens parce que son numéro me rappelle le film de Truffaut), dans une de nos unités Covid. On y hospitalise les patients stabilisés en attente de transfert dans un établissement de convalescence. Je sors de l'ascenseur et me dirige vers le service. La chambre est là, je frappe et entre. Surprise, ce n'est pas lui. Un vieillard est allongé sur un matelas à même le sol, agité, et hurlant, exigeant qu'on le détache.

— Détachez-moi putain, je veux partir ! Je vous dis que je veux partir !

Je m'excuse, sors et demande à l'infirmière qui fait le tour des chambres le numéro de celle de Maxime.

— Mais monsieur, c'est bien Maxime H.

— Maxime H. ? Vous êtes certaine ?

— Oui je vous assure que c'est bien lui. On a dû mettre le matelas par terre et l'attacher. Il est tellement agité qu'il tombe du lit. Et quand il se lève, ses jambes ne le portent pas et il chute. Alors on l'attache. C'est pour ça qu'on l'attache.

Je retourne dans la chambre. En le regardant attentivement, je devine les traits de Maxime H. derrière le vieillard qui me prend à témoin. C'est alors qu'il me reconnaît :

— Juvin, je te reconnais. Détache-moi, Edmond. Regarde ce qu'ils me font !

Edmond était le prénom de mon père. Je bredouille quelques mots et m'éclipse sans courage. Non seulement cette maladie tue. Mais elle fait vieillir. En trois semaines, Maxime H. est devenu un petit vieux fripé, rabougri et agressif.

MAI

Vendredi 1er mai

Ce matin, intéressant article historique dans le numéro de *PNAS* (*Proceedings of the National Academy of Sciences of the United States of America*). Les auteurs ont recensé les mesures barrières qui avaient été mises en œuvre dans dix-sept villes des États-Unis lors de la grippe de 1918. Ces mesures étaient assez similaires aux nôtres, bien que rarement poursuivies plus de six semaines : fermeture des théâtres, églises, écoles, isolement des sujets malades, funérailles limitées à quelques membres de la famille, interdiction des rassemblements… L'analyse statistique montre que plus ces mesures furent multiples, c'est-à-dire associées entre elles, et imposées tôt, plus la mortalité fut basse.

Je me souviens que le 1er mai était un jour férié dans notre ancienne vie. Nous sommes tous là dans le service.

Samedi 2 mai

Aujourd'hui, serions-nous capables de déconfiner en Île-de-France ? Non.

Pouvons-nous être prêts le 11 mai ? Oui. Mais pour cela, il nous faut des tests, des masques et des lits de réanimation libres. C'est encore jouable. (Et toujours cette impression d'être un disque rayé.)

À la mairie, nous avons commandé 60 000 masques lavables qui devraient arriver en fin de semaine. Nous en distribuerons gratuitement deux par habitant. Ils viennent du Portugal.

Dimanche 3 mai

La grande distribution se met à vendre des masques chirurgicaux. Des pharmaciens grognent. Leur réaction n'est peut-être pas vierge d'arrière-pensée commerciale. Le marché est énorme et peut s'avérer juteux, et les grandes enseignes vont casser les prix. Je félicite publiquement la grande distribution. Pour une fois que quelqu'un dans ce pays a eu l'intelligence de commander massivement des masques !

Échange avec Franck-Philippe Georgin, un ancien de chez Nicolas Sarkozy, aujourd'hui dans la grande distribution. Nous parlons du débat sur le tracing qui anime tout le monde. Faut-il tracer les Français pour détecter les clusters naissants ? Nous sommes tous les deux surpris de constater que le Parlement est tenu à l'écart de ces débats. Interrogé, le Premier ministre aurait répondu : on a l'accord de la CNIL ! La belle affaire ! La CNIL ne représente pas les Français ! Franck-Philippe m'apprend que les masques en tissu que vend la grande distribution doivent avoir le tampon de la Direction générale de l'armement pour sortir de l'usine ! L'autorisation de l'Armement pour des morceaux de tissu. On vit dans un monde de dingues. L'hyperadministration partout.

Le confinement était un pis-aller, décidé parce que nous n'avions pas de masques, pas de tests et pas assez de lits de réanimation. Le déconfinement, c'est pareil, à l'envers. On pourra déconfiner si on a des masques, des tests et suffisamment de lits de réanimation ! Mais si nous ne déconfinons pas notre économie, aujourd'hui largement à l'arrêt, nous deviendrons les clients des pays qui ont gardé un appareil productif en marche : l'Allemagne et la Chine. 80 % des industries allemandes ont continué à tourner pendant le confinement, et seulement 60 % en France. Quant à la Chine, elle a déjà repris le travail et ses carnets de commandes sont pleins.

Lundi 4 mai

Pierre Soubelet, préfet des Hauts-de-Seine, ce matin : « La certitude du déconfinement n'est pas totale. » Tous les relais gouvernementaux tentent de tenir à bride courte les Franciliens qui n'en peuvent plus. Mais déjà, dans les rues, l'activité s'intensifie. Fin mars, je croisais moins de dix voitures entre chez moi et l'hôpital. Aujourd'hui, le trafic est le même qu'en période normale. D'ailleurs, il n'y a plus de contrôles de police. Les autorités auraient dû prévoir que dès lors qu'on annonce à une entreprise qu'elle va rouvrir le 11 mai il est naturel qu'elle fasse venir ses employés pour nettoyer, préparer les rayons et remettre les machines en route. Le déconfinement a déjà eu lieu.

À l'hôpital, les patients souffrant d'autres maladies que le Covid-19 reviennent progressivement. Je suis étonné par le nombre de malades psychiatriques en décompensation. Quelle souffrance a dû représenter pour eux le confinement. Les lits sont encore pleins des malades du coronavirus arrivés dans les dernières semaines. L'extrême fatigue de certains, même deux mois après avoir été infectés, est frappante. C'est évident chez ceux qui sont passés en réanimation, et qui sont pareils à de grands accidentés de la route après la phase aiguë. Ça l'est aussi chez d'autres moins atteints, mais qui restent épuisés et comme sonnés.

Mardi 5 mai

Lors d'une conférence téléphonique avec les trente-six maires des Hauts-de-Seine, le préfet nous annonce que l'État ne procédera finalement à aucune distribution de masques pour la population générale. Dans son discours du 12 avril, le Président avait assuré le contraire. Aux maires de se débrouiller ! Nous avions flairé le coup et en avions commandé. Mais sur le fond, quelle honte ! Quelle valeur donner à la parole politique si le Président lui-même s'autorise à annoncer une mesure qu'il sait ne pas pouvoir tenir ? Nous sommes tous remontés devant cette politique de l'effet d'annonce. La presse est apathique. Elle ne relève pas ce nouveau coup de canif dans la confiance. Pour Marc Bloch, « être un vrai chef [...], c'est insuffler aux autres cette confiance que nul ne peut donner s'il ne la possède pas lui-même ». Un chef, ça insuffle de la confiance. Et la confiance ne peut se construire sans le respect de la parole donnée.

Une note de la DGS élargit un peu la délivrance des masques aux professionnels. Les médecins de ville se voient désormais remettre vingt-quatre masques par semaine. Mais plus aucun FFP2, en tout cas systématiquement. Le bon point est que, pour la première fois, une boîte de cinquante masques sera remise chaque semaine aux médecins de ville pour les patients auxquels ils prescrivent un test de dépistage. Enfin. C'est peu, mais mieux que le rien d'avant. En revanche, aucune amélioration de la protection des professionnels qui s'occupent des personnes âgées à domicile. C'est toujours trois malheureux masques par semaine et par patient. Pire, alors que nous sommes à six jours du déconfinement, l'État ne délivre toujours pas de masques aux populations fragiles. Seules « les personnes à très haut risque de développer une forme grave du Covid-19 sont dotées de dix masques par semaine ». Pour les autres, rien n'est prévu. Le rédacteur de la note de la DGS est habile et on devine qu'il commence à penser à dégager sa responsabilité en cas de procès. Il trouve le moyen de ne pas définir avec précision ce que sont un « malade à risque » (qui devra se contenter d'un masque grand public qu'il trouvera comme il pourra) et un « malade à très haut risque » (qui aura droit à dix masques chirurgicaux par semaine, ce qui est en soi fort peu). Il laisse à l'« appréciation » du médecin, qui jugera « avec discernement ». Face à la question « qui a le droit à quel masque ? », l'administration refuse de répondre et se défausse sur le médecin. C'est lui qui décidera et donc engagera sa responsabilité. Ou comment faire porter le chapeau aux autres. Bien joué.

Mercredi 6 mai

La première phrase du compte rendu de la cellule de crise de l'HEGP résume bien la situation : « Note d'ambiance : complexité de la période entre reprise timide d'activité, charge en soins Covid + durablement lourde et manque de visibilité générale. Tension sur la chirurgie à analyser. »

Comme chaque jour, je lis le message que nous envoie Martin Hirsch. Parfois des recommandations, parfois des points de situation, souvent des billets d'humeur. Aujourd'hui, il nous rapporte le témoignage d'une infirmière d'Agen venue aider ses collègues de Beaujon, et son inquiétude quand elle arrive dans son service d'affectation : « La situation sous tension me laissait présager un ras-le-bol et une fatigue du personnel soignant laissant entrevoir une certaine tension pour notre intégration. [...] C'est alors que j'ai été submergée par une vague de bienveillance, entraide, de sourires derrière ces masques et yeux fatigués. Ce n'était pas un mythe : les patients sont instables, graves, la prise en charge est lourde, complexe, les soins sont compliqués tant le virus est virulent, les contraintes d'hygiène à respecter scrupuleusement, l'habillage suffocant... mais je serre les dents, aidée par mes collègues qui me soutiennent, et m'aident pas à pas tout en serrant les dents eux-mêmes, épuisés par ces semaines passées déjà auprès de ces patients. » Tout cela sonne si vrai.

Sur le site du *New England Journal of Medicine*, un article analyse comment la Food and Drug Administration a bouleversé en quelques jours ses procédures administratives pour les adapter à l'urgence de la situation. Cet article mériterait d'être lu par tous les ministres et directeurs d'administrations centrales, et affiché au fronton de l'École nationale d'administration.

À la mairie, nous nous doutions que l'État nous abandonnerait en rase campagne juste avant le déconfinement. Il nous avait promis des masques pour la population ? Nous ne les aurons pas. C'est pourquoi nous en avions commandé 60 000 en tissu pour les 30 000 habitants de La Garenne. Mais alors que nous devons commencer la distribution à la population dans deux jours, Isabelle Gaspar m'avertit que nous n'en avons reçu que 20 000. Le reste, nous dit-on, est bloqué à la frontière. En toute urgence, j'appelle la terre entière. Il faut dégotter au moins 40 000 masques en trois jours. Jean-Yves Cavallini, qui vient d'être élu maire de Levallois en remplacement de Patrick Balkany, accepte de nous dépanner de 10 000 masques. Plus que 30 000 à trouver. Je suis sauvé par Jean-Charles Naouri, le patron de Casino, qui nous en débloque 40 000 supplémentaires. C'est bon pour la distribution, qui pourra se faire comme prévu. Avec ceux que nous avions commandés et qui vont bien finir par arriver, cela nous en fera 110 000. Nous en aurons finalement bien plus qu'il n'en faut. Mais voyons large pour assurer. L'épidémie n'est peut-être pas terminée. Il y aura peut-être des soubresauts. J'assume que nous nous retrouvions avec une réserve stratégique pour les prochains mois. Merci à tous les deux.

À la Brigade des sapeurs-pompiers de Paris, on ne virevolte pas d'une instruction contradictoire à une autre. On sait prendre des décisions. Une de leurs notes de service nous parvient : tous les cas suspects doivent avoir une PCR (ce qui est habituel), puis une sérologie à J14 en cas de résultat négatif. C'est clair et efficace.

Jeudi 7 mai

Édouard Philippe annonce que, dès la semaine prochaine, toute la population symptomatique sera testée, ainsi que tous les sujets contacts. Mais la DGS ne s'était-elle pas engagée sur 700 000 tests par semaine ? Or si on ne teste que les malades et les cas contacts, on testera beaucoup moins que 700 000 personnes. Ce chiffre donné par Salomon à l'Assemblée nationale n'était donc, encore une fois, que du vent. De toute façon, je n'y ai jamais cru : hier, on ne parvenait même pas à tester tous les malades, et soudain on arriverait à en tester autant ?

Tous les jours, des journalistes m'interrogent : aura-t-on une seconde vague ? Chaque fois je réponds que l'important n'est pas de savoir si elle arrivera, mais si nous y sommes préparés. Et en mon for intérieur, je sais que nous ne le sommes pas. Par exemple pour les lits de réanimation, il faudrait créer une réserve stratégique en cas de nouveau coup dur. Et commander de nouveaux respirateurs de réanimation, lancer des formations de médecins et d'infirmiers, recenser les moyens et personnels disponibles à l'échelle de l'Union européenne. Mais que font-ils ? Des déclarations martiales. Ils sont les rois de la communication creuse.

Vendredi 8 mai

Tweet d'Olivier Véran : « Une prime sera versée aux professionnels des secteurs sociaux et médico-sociaux. Ni imposable ni soumise aux prélèvements sociaux : un engagement de 700 millions d'euros pour celles et ceux qui ont accompagné nos concitoyens avec beaucoup de dévouement et de professionnalisme. » J'ai de la sympathie pour le ministre de la Santé qui a pris ses fonctions alors que la vague causait ses premiers dégâts. Compte tenu de ces circonstances, Olivier Véran s'est très honorablement comporté depuis trois mois. Mais que son tweet est décevant ! En le lisant, tous les professionnels de ces secteurs croiront qu'ils vont toucher une gratification. C'est le but recherché par le communicant du ministre, mais ce n'est pas vrai. En twittant, celui-ci sait pertinemment que cette prime ne concernera pas tous les professionnels. La preuve ? Il joint une lettre au tweet pour rétablir la vérité, dans laquelle on apprend qu'une partie seulement des soignants sont concernés par la mesure. Le ministre sait pourtant que ses électeurs vont s'arrêter au tweet sans ouvrir la pièce jointe, comme le journaliste en recherche de lecteurs sait donner un titre racoleur à son article. Les Français ne veulent plus devoir vérifier ce qui est écrit en bas de page de leur contrat de location, en minuscules caractères : ils veulent des hommes politiques qu'ils peuvent croire. Et en se livrant à ce petit jeu si banal, Olivier Véran fait comme les autres. Pour un microgain de popularité immédiate, il ruine une partie de son capital confiance. Car une fois que vous avez menti, on ne vous croit plus. Les Français veulent la vérité. C'est une des leçons de cette crise. Les élus qui ne l'ont pas compris seront condamnés à sautiller sur place dans leur monde, nouveau comme ancien.

À la mairie, c'est le branle-bas de combat. Laurent Montagnon et ses équipes, avec Isabelle Gaspar, ont organisé d'une main de maître la distribution des masques à la population. Six centres auprès desquels on réserve une plage de rendez-vous par téléphone ou sur le site de la ville, de la communication pour prévenir la population et des dizaines d'employés municipaux mobilisés pour les accueillir. Non seulement le gouvernement ne nous fournit pas de masques, mais il ne délivre aucun conseil. Par exemple, à qui les distribuer ? Aux enfants ? À partir de quel âge ? Je décide d'en fournir à toute la population, à l'exception des enfants de moins de deux ans chez lesquels il existerait un risque d'étouffement. Chaque Garennois en recevra deux en tissu de bonne qualité, lavables plusieurs fois. Une des nombreuses leçons de cette crise aura été de démontrer la vertu de notre riche tissu de 36 000 communes : avec ses immenses moyens, l'État a échoué à fournir des masques à la population pendant que les régions et les communes y parvenaient.

C'est la première fois depuis que je suis maire que je ne préside pas les cérémonies du 8 mai dans ma commune. Je partirais bien un week-end à Ucciani, dès la fin du confinement. Mais c'est impossible, avec cette satanée limite des cent kilomètres. J'envoie un SMS à Olivier Véran pour plaider la cause des soignants (et la mienne) : les soignants qui sont éreintés pourraient se voir autorisés à partir loin pour se reposer… Il me répond qu'il va y réfléchir. J'aurai essayé.

Comme annoncé, le projet de loi d'urgence sanitaire prévoit la création d'un système d'information permettant de recenser les personnes infectées par le coronavirus ou susceptibles de l'être, et les personnes ayant été en contact avec elles. Le Conseil de l'Ordre s'inquiète du respect du secret médical à la fois par ce système et par les « brigades sanitaires » chargées de faire de l'enquête de terrain pour traquer les sujets contacts. Olivier Véran lève les doutes à l'Assemblée nationale et rassure tous ceux qui, comme moi, s'inquiétaient de la question de la protection des libertés fondamentales.

Mais la question du secret médical n'est pas tout. Il y a aussi la question de l'efficacité de cette application StopCovid. Il faudrait que plus de la moitié des Français l'utilisent pour qu'elle soit utile. Qu'attend-on pour organiser une vaste campagne de communication en direction des Français ? Dans ce domaine aussi le gouvernement semble dépassé. Longtemps, il a même nié l'intérêt d'un tel outil. Le 20 mars, Cédric O, le secrétaire d'État au Numérique, avait assuré qu'aucun projet de ce type n'était en cours. Christophe Castaner avait même balayé l'idée : « Ce n'est pas dans la culture française. » Sous la pression de l'expérience acquise à l'étranger, les choses avaient néanmoins bougé. La décision de créer une application avait été prise. Mais rapidement les mauvaises habitudes nationales étaient revenues : quelqu'un (qui ?) avait décidé que cette application serait française ! Cocorico ! Peu importaient les propositions de Google et d'Apple, ou les choix effectués par nos voisins européens, nous ferions notre petit truc dans notre petit coin. Des lobbys ou les habituels hauts fonctionnaires de l'État-qui-sait-tout étaient sans doute passés par là. Aujourd'hui, plus que trois jours avant le déconfinement et nous n'avons toujours pas d'application ! Pourtant, Jean-François Delfraissy la considérait comme une des conditions sine qua non d'un déconfinement réussi. Il avait raison. StopCovid finira-t-elle au cimetière des aventures industrielles nationales ? Le capitalisme national de bricolage finit mal, en général.

Un article du *New England Journal of Medicine* fait le point sur les capacités de réanimation aux États-Unis. On y dénombre 62 000 lits équipés d'un ventilateur permettant de traiter des pathologies respiratoires graves comme celles du Covid. Rapporté à une population de 328 millions d'habitants, cela représente 189 lits par million d'habitants. En France, avec des capacités hospitalières de 5 000 lits pour 66 millions d'habitants, le ratio n'est que de 75 lits par million d'habitants.

Le mythe de la France « meilleur système de santé du monde » a vécu. Depuis quarante ans, le pays s'appauvrit davantage chaque année ; il fallait bien qu'on le paie un jour. C'est la même observation pour notre système éducatif, aussi appauvri que sûr de lui, et qui stagne dans le classement Pisa sauf dans la catégorie « inégalités » où il remporte une des premières places. Et pour nos routes nationales, que l'État n'entretient plus. Et pour nos armées, qui se sont peu à peu miniaturisées. Pour notre justice, tellement peu informatisée qu'elle s'est arrêtée de fonctionner durant l'épidémie. Et pour mille autres anciens feux dont nous étions fiers et qui s'éteignent sans même que nous nous rendions compte qu'il fait tous les jours un peu plus froid et un peu moins clair. En 2020, le destin nous a présenté sa première facture avec cette déroute infligée à notre système de santé.

Contrairement à ce qui est répété en boucle, nous n'avons pas « tenu ».

Ou si nous avons tenu, c'est en limitant les soins pour une partie de la population âgée, et en cessant complètement, fait inouï, de diagnostiquer et de traiter la quasi-totalité des autres malades. Et en limitant les libertés individuelles. Un virus a levé le voile sur ce que nous étions imperceptiblement devenus. Des pauvres dans un pays autrefois prospère qui achète à la Chine et à l'Allemagne, nos clients d'hier.

Samedi 9 mai

Les Français sont déjà dehors. Je suis inquiet sur nos capacités réelles de tests et d'isolement, et sur nos lits de réanimation toujours pleins. Mais je ne vois pas comment maintenir plus longtemps les gens enfermés. Et puis l'économie doit reprendre si on veut éviter l'écroulement général. Plutôt que laisser croire que c'est fini, il faudrait dire à la population qu'on déconfine parce qu'on ne peut pas faire autrement, mais que le virus est toujours là. Cet exercice de clarification nous aiderait tous à être responsables.

Quand on demande à des médecins s'il y aura de nouveaux cas de Covid-19 dans l'avenir, je ne comprends pas l'imprudence de ceux qui répondent « non » ou « probablement peu ». Car, à part une disparition du virus en quelques jours ou une saisonnalité à laquelle je ne crois désormais guère, par quel miracle la population qui n'est pas immunisée, une fois lâchée dans la nature, ne s'infecterait-elle pas ? Elle croisera d'autres gens, infectés, et s'infectera à son tour. Et ainsi de suite jusqu'à disparition du virus ou création d'une immunité collective. Heureusement le beau temps est notre allié, en permettant aux gens de se retrouver plus souvent dehors, où les risques de s'infecter sont moindres. Mais on ne fait que reculer le moment.

Sortie de route de la ministre Agnès Pannier-Runacher, qui déclare qu'on pourra aller travailler sans masque. Cette légèreté dans la communication est inouïe alors que nous allons vivre les jours les plus délicats de l'année en autorisant de nouveau les brassages de population. Elle tente d'abord de se justifier et finit par retirer son tweet.

Depuis deux jours, le débat public porte sur les transports en commun. Certains responsables politiques appellent naïvement les Franciliens à ne pas s'y serrer. Comme si les utiliser était une occupation ludique. Les Franciliens se tasseront comme d'habitude dans les métros, bus, trains ou tramways si leur travail reprend. Non parce qu'ils aiment cela, mais parce qu'ils n'ont pas le choix. À La Garenne, chaque matin, le tramway de 7 h 30 était bondé avant le confinement. Il sera bondé après. Interdire un siège sur deux aura l'effet inverse de celui escompté puisque cela augmentera le nombre de voyageurs debout. Il vaut mieux que chaque siège soit occupé par un voyageur correctement masqué plutôt que d'obliger une personne sur deux à rester debout, l'une contre l'autre et se tenant à la même barre. Qui prend les transports en commun au ministère des Transports ?

Dimanche 10 mai

J – 1.

Depuis plusieurs semaines, les publications sur les vaccins se multiplient. On aurait jusqu'à 135 candidats vaccins dans les pipe-lines des laboratoires. De bonnes nouvelles sont tombées : plusieurs équipes sont parvenues à induire une immunité humorale et une immunité cellulaire chez l'animal, et ont identifié ces deux types de réponse chez l'homme. Il y a donc bon espoir de disposer d'un vaccin d'ici un ou deux ans. Mais attention, rien n'est acquis. Tant qu'un vaccin ne sera pas totalement innocenté d'effets secondaires, rien ne sera fait. Le moindre effet imprévu sera du pain bénit pour les antivax et complotistes de tout poil. Il reste que le vaccin est la seule voie pour mettre fin à l'épidémie, sauf découverte d'un antiviral ou disparition du virus sous sa forme actuelle, ou immunisation collective. Sans ce vaccin, l'épidémie se poursuivra, avec son cortège de morts et de dysfonctionnements. D'ailleurs, une fois inventé et sécurisé, se posera la question de sa production et de sa distribution. Un débat politique devra avoir lieu en toute transparence : à qui devra-t-on réserver les premières doses du vaccin ? Pour moi, cela ne fait aucun doute : d'abord aux plus fragiles et aux plus âgés. Puis aux professionnels de santé. Sans être devin, je pense que nous sommes très loin d'en être sortis.

Un deuxième sujet sur les vaccins n'est jamais abordé ni par les journalistes ni par le gouvernement. C'est la question de la grippe. Si l'épidémie de coronavirus est toujours présente à l'automne – et comment pourrait-elle avoir disparu ? –, il faudra absolument éviter la conjonction de la grippe et d'une nouvelle flambée de Covid-19. Chaque année, en temps normal, la grippe fait boire la tasse à nos services d'urgences. La coexistence des deux épidémies pourrait nous mettre à genoux. Il faut bien sûr s'y préparer en augmentant nos capacités d'hospitalisation. Mais il faut surtout dès maintenant commander beaucoup plus de vaccins que l'année dernière. Au moins cette année, je suggère de rendre obligatoire le vaccin contre la grippe pour tous les soignants et notamment ceux qui sont au contact de personnes âgées ou fragiles. L'année dernière, seuls 60 % des médecins et un quart des aides-soignants se sont vaccinés, dans les hôpitaux et les Ehpad. Quand vous êtes infirmier, médecin, aide-soignant ou de toute autre profession au contact de malades, et que vous avez la grippe, vous avez toutes les chances de la transmettre à vos patients. Au lieu de les protéger, vous les infectez. Se vacciner contre la grippe devrait être une obligation morale quand on est chargé de prendre soin des autres.

Lundi 11 mai

Premier jour du déconfinement. Demain c'est la Journée mondiale des infirmières. Il règne dans les rues de La Garenne un air de fête, comme si tout était déjà derrière nous.

À l'hôpital, je me promets de ranger enfin mon bureau. Rien n'a changé depuis hier. Mais le bilan est aussi celui du service et de son personnel. Alors que nous avons été un des services de France les plus précocement touchés, nous nous en sortons bien. Ici, certains ont été infectés, mais heureusement personne n'est mort. J'écris ce mot « mort » avec incrédulité. On peut ainsi mourir, « définitivement », aurait dit Proust, en soignant son prochain. Il faut se rendre compte que nous avons eu de la chance : oui, des soignants comme nous sont morts. Pourquoi eux ? Pourquoi pas nous ? Nous avions oublié que nos professions nous exposaient. Faut-il vivre une épidémie pour nous rappeler que nous sommes mortels ?

La période dans laquelle nous entrons est, d'une certaine façon, la plus périlleuse. Chez certains, nous allons découvrir des maladies qui se sont insidieusement tapies au fond des corps pendant ces trois mois. Pour eux, nous essayerons de rattraper le temps perdu. Quant aux autres, tous les hommes et les femmes qui sortent aujourd'hui, ils vont tenter de revivre et de jouir de la vie. Tant mieux. Qu'ils profitent mais ne se leurrent pas : rien n'est terminé. Certains tenteront de nous faire oublier ce que nous avons vécu en réécrivant l'histoire. Ils nous raconteront que nous exagérons, que nous étions prêts, qu'il n'y eut pas de ruptures de stock et que tout le monde fut soigné. Peut-être même un jour écriront-ils qu'il n'y eut pas de confinement car la France a toujours eu le meilleur système de santé du monde. Nous devrons nous souvenir de tout.

La confiance des Français envers ceux qui décident est durablement écornée. Telle est l'une des conséquences de cette épidémie : les Français sont passés d'un extrême à l'autre. Hier ils pensaient que les hommes politiques avaient réponse à tout. Aujourd'hui, ils sont persuadés qu'ils mentent sur tout. À qui la faute ? Si en mars le président de la République et le Premier ministre avaient humblement avoué que la France ne disposait pas de masques, et assumé avec courage que les rares stocks iraient aux professionnels de santé, la population aurait râlé. Mais elle aurait compris. Et le match n'aurait pas été le même. On a préféré mentir :

maintenant, il va falloir reconstruire cette confiance pierre après pierre. C'est sans doute la tâche la plus ardue des mois qui viennent.

En ce jour de déconfinement, je pense aux dernières pages de *La peste*, que j'ai lu pour la première fois en décembre dernier, en découvrant, incrédule, ce qui se passait en Chine :

> Écoutant, en effet, les cris d'allégresse qui montaient de la ville, Rieux se souvenait que cette allégresse était toujours menacée. Car il savait ce que cette foule en joie ignorait, et qu'on peut lire dans les livres, que le bacille de la peste ne meurt ni ne disparaît jamais, qu'il peut rester pendant des dizaines d'années endormi dans les meubles et le linge, qu'il attend patiemment dans les chambres, les caves, les malles, les mouchoirs et les paperasses, et que, peut-être, le jour viendrait où, pour le malheur et l'enseignement des hommes, la peste réveillerait ses rats et les enverrait mourir dans une cité heureuse.

FIN

POST-SCRIPTUM

Ce journal s'est terminé, au moins temporairement, le jour du déconfinement. Quelques jours plus tard, bien involontairement, le président de la République, dont je suis pourtant certain qu'il a mobilisé toute son énergie dans le but de protéger les Français, a illustré ce que je disais craindre dans ma dernière note. Parlant des masques, il déclara, contre toute évidence : « Nous n'avons jamais été en rupture. » Et tout son propos, haché, ne visait qu'à tenter de justifier que tout avait bien fonctionné dans l'appareil d'État.

Cette phrase est révélatrice d'un état d'esprit qui dépasse la personnalité d'Emmanuel Macron. La parole politique n'est plus accrochée au réel.

Des pans entiers du pays sont durablement affectés. Des hommes sont morts seuls et d'autres mourront parce qu'ils n'auront pas été traités pour leur cancer ou leur affection cardiaque. Des enfants ont été abandonnés sans école. Des gens ont été enterrés sans leurs proches. La justice s'est arrêtée. La culture s'est arrêtée. Des emplois vont disparaître par centaines de milliers, occasionnant autant de drames personnels. Et alors que nous émergeons d'un cataclysme qui a durablement bouleversé notre vie économique, sociale, culturelle, démocratique, scolaire et sanitaire, on cherche déjà à réécrire l'histoire que nous avons pourtant tous vécue.

Au fond, en entendant le Président nous dire que nous n'avons jamais été en rupture de masques, je ne peux m'empêcher de penser que ce qui nous aura manqué le plus, ce n'est pas une administration agile, ni les masques, les surblouses, les médicaments, les lits de réanimation et les tests.

Dans cette première vague, ce qui nous aura manqué le plus, c'est la vérité.

II

NOTES POUR PLUS TARD

Les crises de demain pourront être virales, bactériennes, ou dues à d'autres agents infectieux. Elles seront peut-être liées à un accident industriel grave, à une catastrophe naturelle ou au terrorisme. Ne doutons pas que le destin ait de l'imagination pour bouleverser notre existence collective. Dans une étude publiée en octobre 2020, le Parlement européen recensait 66 risques majeurs qui menacent notre quotidien et appelleraient une réponse coordonnée entre les pays de l'Union. Parmi eux, de nombreux périls sanitaires ou aux conséquences sanitaires. On peut en être certains : demain, d'autres crises frapperont à nos portes, tueront et nous feront souffrir. La question n'est pas d'en deviner la date, le lieu et l'heure, mais de s'y préparer.

Des épisodes d'une telle gravité nous transforment, à nos corps défendants. On en sort, on finit toujours par en sortir, essorés, cabossés mais soulagés de pouvoir en parler au passé. Un jour nous parlerons du Covid-19 comme d'un événement historique qu'il nous aura été donné de traverser. Il en restera nos souvenirs, intimes et collectifs. Celui de notre sidération sans doute. Et de la confusion aussi. On tentera peut-être d'omettre ou de nous faire omettre les erreurs, les drames et les approximations. Il ne faudra pas oublier, non par goût des commémorations, mais parce que nous devons apprendre des crises. Leurs imprévus nous rappellent que la première qualité à la guerre est de savoir s'adapter ; ils bousculent nos certitudes et transforment nos manières de voir.

De la crise du Covid-19, que j'ai vécue au plus près, comme médecin et comme élu, je veux tirer ici quelques leçons. Pour que ce que nous avons enduré ne soit pas vain. Un peu comme ceux qui, le 11 novembre 1918, s'étaient écriés : « Plus jamais ça. »

AU PLAN PERSONNEL : CE DONT J'AI PRIS LA MESURE

« Un chef, c'est fait pour cheffer » (Chirac)

Les semaines de la première vague furent comme un marathon que l'on devait courir en sprintant. Il fallait sans cesse réagir, vite, sur plusieurs fronts, tout en pressentant que l'effort serait long. Nous savions, chacun à notre place, qu'il nous faudrait de l'agilité et de l'endurance. Il y eut peu de moments de repos, même si nos corps et nos esprits les demandaient. Ai-je pris les bonnes décisions toujours ? Aveuglé par l'urgence et l'adrénaline, ai-je failli parfois ? Sans doute. Qui peut prétendre n'avoir jamais fait d'erreur ? Je me souviens de cette rencontre avec Agnès Buzyn au hasard d'un plateau de télévision, et de sa réponse furtive à ma question inquiète sur les stocks de masques : « Oui oui, on en a, et de toute façon, il faut surtout dire à la population de se laver les mains. » Je l'ai crue et, une fois, j'ai même répété en public ce qui se révéla ne pas être la vérité. Je m'en veux de ma naïveté. Je lui en veux de m'avoir berné. Mais que pouvait-elle me dire d'autre, moi qu'elle devait considérer comme un adversaire politique ?

J'ai conduit mon équipe dans la bataille, et nous avons fait ensemble ce que nous pouvions, avec les moyens dont nous disposions. Nous avons même évité qu'un cluster ne naisse dans notre hôpital, fin janvier, en considérant qu'un malade était bien suspect de Covid-19 alors que tous les protocoles officiels nous assuraient que non. L'histoire de l'épidémie à Paris aurait peut-être été bien différente si nous avions obéi aux recommandations.

Je baigne dans la médecine d'urgence, l'anesthésie et la réanimation depuis trente ans. L'expérience accumulée m'a aidé, comme un socle sur lequel on s'appuie quand tout tangue. Mais de cette nouvelle expérience-là, la gestion d'une pandémie mondiale déferlant sur l'hôpital le plus moderne de la capitale, que restera-t-il pour moi ? Quelles empreintes ? Quels changements de ma pratique ? Mille choses, qu'il me faut maintenant essayer de rassembler.

Médecin et maire : de l'intérêt du cumul activité professionnelle / mandat électif

Je suis médecin et maire. Mon métier est la médecine, mon mandat électif est une fonction. Mes semaines sont rythmées et partagées entre ces deux engagements. Lorsque la première vague due au coronavirus s'est annoncée, mon agenda s'est sidéré. Le temps se contractait, je devais être auprès des malades et des soignants, tout en protégeant au mieux les habitants de ma commune. Je quittais l'hôpital pour aller en mairie, je délaissais la mairie pour me ruer à l'hôpital. Il fallait être sur tous les fronts, ma fatigue attendrait. Une course contre la montre s'engageait et nous partions avec le handicap de la surprise et de l'impréparation au plus haut niveau. Mais il fallait bien courir. Et pour courir, deux jambes sont parfois utiles…

Depuis des années, à ceux qui craignent (ou qui médisent) que le cumul activité professionnelle / mandat électif n'aboutisse qu'à une dispersion sur le thème « à trop vouloir en faire, tu ne fais rien de bien », il y a plusieurs réponses. Celle des faits, que l'on peut résumer à une double question : mon service hospitalier est-il bien tenu et mes concitoyens sont-ils satisfaits de leur maire ? Concernant les urgences, le quotidien *Libération*, peu suspect de sympathie pour l'homme de droite que je suis, écrit qu'elles fonctionnent mieux depuis mon arrivée. Concernant ma commune, mes concitoyens me réélisent chaque fois confortablement et je m'enorgueillis d'en réunir de tous les bords politiques autour de mon nom et de mes projets. Mais il y a plus pour justifier le cumul entre activité professionnelle et mandat politique. Travailler, à l'hôpital ou ailleurs, c'est garder le contact avec la réalité du terrain. Quoi de plus crucial pour un représentant du peuple ? Dans mon cas, j'ai même compris que le cumul était une chance d'efficacité. Meilleur maire parce que médecin : dans les deux cas, on prend soin des gens. Meilleur chef de service parce que maire : dans les deux cas, on conduit des hommes et des structures. Une activité nourrit l'autre.

Le cumul, c'est enfin l'assurance de la liberté. Je suis un homme libre. Comme professeur des universités, j'ai le privilège de bénéficier d'une indépendance reconnue par la jurisprudence constitutionnelle. On ne peut pas me déplacer parce que j'aurais dit quelque chose qui déplairait aux autorités. Et bénéficiant d'un métier, je suis libre de dire un jour à la politique que je la quitte, là où d'autres n'ont que ça pour vivre.

Je ne suis donc pas un professionnel de la politique mais un professionnel engagé en politique. Indépendant, je n'ai rien à défendre d'autre que ce que je crois juste. La crise du Covid-19 m'a conforté dans cette idée que le cumul profession / mandat était un avantage. J'en ai même tiré un vœu plus général : que les élus locaux (et nationaux) conservent leur activité professionnelle le plus longtemps possible. Pour garder les pieds sur terre et, encore une fois, rester libres.

Nos libertés sont notre bien le plus précieux et le plus fragile

Je garderai aussi de cet épisode du Covid la réactivation d'une inquiétude résiduelle : l'Histoire nous apprend que toute société peut basculer très vite et renier ses valeurs. Les députés élus en 1936 lors du Front populaire n'ont-ils pas voté les pleins pouvoirs à Pétain, offrant la République à la dictature la plus odieuse ? Pendant la crise du printemps 2020, sans comparaison hasardeuse et déplacée, nous avons accepté, et moi le premier, que les libertés individuelles les plus élémentaires, celles de se déplacer, d'aller à l'école, de rencontrer nos familles et amis, soient sacrifiées à l'urgence sanitaire. Avec le recul, nous devons y réfléchir.

La fin justifie-t-elle toujours les moyens ? Toutes les options sont-elles envisageables pour s'en sortir ?

Chacun se souvient du discours du président Macron décrétant que la France était « en guerre » contre ce virus et qu'elle se mettrait en ordre de bataille pour y résister, « quoi qu'il en coûte ». On a beaucoup glosé sur cette formule. Les plus optimistes (et c'était sans aucun doute le sens que lui donnait Emmanuel Macron) y ont vu le rappel que l'État providence né après la Seconde Guerre mondiale serait là pour protéger les malades, les chômeurs et toutes les victimes directes et indirectes de la pandémie. Mais d'autres intuitions me traversent. Et si le « quoi qu'il en coûte » avait été moins généreux qu'il n'en a eu l'air ? Et si le prix de cette « guerre » au virus était dans ce « coût » pour les libertés ? En confinant la population entière, nous aurons sacrifié des malades non soignés, l'économie, l'éducation, la culture mais aussi nos libertés individuelles. Comme pour beaucoup, c'est peut-être la prise de conscience de notre grande vulnérabilité qui restera pour moi une des traces les plus profondes de cette crise. Car les libertés mises en sourdine temporairement se regagnent-elles toujours toutes ? À un moment de l'épidémie, alors qu'on réfléchissait à la mise en place d'une application pour tracer les sujets contacts, le Conseil de l'Ordre des médecins a rappelé le caractère fondamental du secret médical. S'il avait fallu, ne serait-ce que partiellement et temporairement, l'écorner, pour des raisons sanitaires ou d'ordre public, même évidentes, sommes-nous certains que nous l'aurions retrouvé intact plus tard ? Rien n'est moins sûr.

Ce sont les chemins que nous empruntons pour nous sortir d'une crise qui définissent la société d'après. Il faudra y réfléchir si, à l'avenir, la question devait se reposer. Nous devons être très vigilants, veiller à ne pas transiger sur nos libertés : elles sont fragiles, mais elles sont notre bien le plus précieux.

AU PLAN MÉDICAL : L'ÉTRANGE DÉFAITE

Des soignants et des malades sacrifiés faute de moyens

La crise a été rude pour les soignants. Nous n'avons compté ni les heures ni les risques que nous prenions auprès des patients. Nous avons lutté autant que nous le pouvions avec les moyens du bord, ceux d'un système mal préparé et insuffisamment doté. Nos surblouses à usage unique devaient être réutilisées, les masques manquaient, certains médicaments menaçaient d'être en rupture de stock, nos lits de réanimation, nos respirateurs, nos machines étaient en nombre insuffisant. Nous n'avions pas le confort habituel, déjà précaire, et la société entière sombrait dans l'anxiété. Nous n'avons pas déserté. Certains qui se pensaient malades ont volontairement évité de se tester pour ne pas manquer à l'appel. Des femmes enceintes ont continué de travailler, des internes épuisés ont dormi sur des tables pour reprendre quelques forces, des aides-soignantes inquiètes pour leurs parents ont tenu la main de malades qui mouraient loin des leurs, à qui l'hôpital était interdit. Certains ne rentraient pas chez eux et dormaient à l'hôtel. Un peu partout en France, dans les hôpitaux, en médecine de ville ou dans les Ehpad, des soignants se sont infectés et certains sont morts. Pourtant nous n'avons pas flanché. Nous sommes aguerris, l'épreuve ne nous atterre pas. Nous ne sommes pas des héros, juste des gens qui ont fait leur devoir.

Mais une chose nous a vraiment fait violence. Une chose que nous ne voulons plus jamais revivre : devoir choisir qui soigner. Non que nous ne le fassions pas toute l'année dans certaines situations de réanimation. Mais au printemps 2020, ce triage s'est fait en amont et massivement. Quoi qu'on en dise, l'âge en fut un critère déterminant. Au plus fort de la crise, les patients très âgés furent quasi automatiquement écartés de la réanimation et même des hôpitaux en raison de leur seule date de naissance. Bien sûr, ceux qui eurent la chance de mettre un pied à l'hôpital furent soignés, mais souvent en dehors de la réanimation. Bien sûr, il y eut des exceptions. Et dans mon hôpital, la première patiente qui est sortie vivante de réanimation avait plus de 80 ans. Mais elle avait eu la chance de tomber malade avant le pic, à un moment où l'on soignait encore tout le monde. La proportion des patients âgés en réanimation ne fut pas celle qu'on aurait dû observer au vu de la fréquence des formes graves dans cette population. Quant à ceux qui, malgré leur aggravation, furent gardés en Ehpad et y moururent, alors qu'avec les mêmes symptômes ils auraient été conduits à l'hôpital en temps normal, nul n'en connaît le nombre.

Il y a aussi eu tous ces autres malades, ceux qui n'avaient pas le Covid et qui n'ont pas été diagnostiqués ou traités, parce que tous nos moyens étaient mobilisés ailleurs. Heureusement, nous avons continué à traiter les cancers que nous suivions déjà. Mais qu'il est insupportable de se dire qu'on n'a pas pris en charge certains patients quand la vague nous a ensevelis. C'est une souffrance et un effroi de constater que le système a laissé dehors des malades en puissance. Une équipe de mon hôpital, dirigée par le Pr Xavier Jouven, a montré que le nombre d'arrêts cardiaques dans la rue ou au domicile a augmenté de 100 % à Paris et en région parisienne entre le 16 mars et le 26 avril. En cause ? Probablement la désorganisation du système de soins causée par l'épidémie : on peut imaginer que certains patients sont morts de ne pas avoir consulté leur généraliste ou leur cardiologue, ou de ne pas avoir osé se rendre aux urgences… Une étude anglaise confirme que l'épidémie a conduit à abandonner de nombreux patients qui, souffrant de diverses pathologies autres que le Covid, n'ont pu être soignés. Selon elle, 40 à 50 % des nouveaux cancers, diabètes, maladies cardio-vasculaires et dépressions n'ont pas été diagnostiqués pendant le confinement. Comment le sait-on ? En comparant la même période de 2020 (mars, avril, mai) avec celle des années précédentes, on observe une réduction de 40 à 50 % des nouveaux diagnostics, ainsi qu'une moindre consommation des médicaments correspondants. Or ne pas diagnostiquer un cancer ou une maladie cardiaque à temps peut rendre les choses irrémédiables, avec des patients qui deviennent très difficiles à traiter ou impossibles à guérir.

Nous sommes exposés à ce qu'une telle affaire se reproduise demain. D'abord parce que les lits de réanimation supplémentaires qu'on nous promet en cas de crise ne sont que des lits d'hospitalisation que l'on recycle, et que l'on retire donc aux patients non Covid. On n'augmente pas les capacités en cas de crise : on les répartit différemment, et il y a toujours des perdants. Mais aussi parce qu'on ignore ce que sont devenus beaucoup de ces oubliés, perdus de vue, non diagnostiqués. En cas de crise, nous devrions formaliser une stratégie nationale de continuité des soins. Annuler ou reporter des interventions ne peut pas être la seule réponse pour mobiliser des moyens supplémentaires. Nous devrions également avoir une stratégie de recherche de ces malades perdus, car plusieurs mois après le confinement de mars je ne suis pas certain que tout le retard ait été rattrapé ni que tous ceux qui ont été repoussés pour laisser la place aux malades du Covid aient été réintégrés dans un parcours de soins. Quels que soient les choix stratégiques futurs, il faudra garder en tête que tout devra être mis en œuvre pour qu'on ne revive plus jamais cela.

Il est enfin difficilement supportable de se remémorer la façon dont les familles ont été mises à l'écart des derniers instants de leurs aimés. Un père, une sœur, une grand-mère, ne meurt qu'une fois. Être là aux dernières secondes relève de la plus élémentaire et fondamentale des dignités humaines. Nous n'avons pas été bienveillants dans ces moments quand, courant pour en sauver d'autres, nous ignorions des familles en souffrance et laissions mourir seules des milliers de personnes. Nous ne pouvions pas l'être en vérité. Dire cela n'est pas se dédouaner mais regarder lucidement la réalité : le système de santé, privé de marge de manœuvre, nous a conduits à isoler les malades de ceux qui les aimaient. L'hôpital atrophié nous a rendus trop souvent impuissants. C'est aussi simple, tragique et scandaleux que cela.

La vieillesse ne devrait pas être un naufrage

La crise du Covid nous aura enfin mis face au sort que nous réservons à nos anciens, à différents niveaux. Nous devons complètement revoir notre façon de prendre en charge les patients âgés à toutes les étapes de leur vie. Il faut par exemple inciter les généralistes à refaire des consultations à domicile, en valorisant celles-ci de façon considérable, pour permettre aux personnes âgées de rester le plus longtemps possible chez elles. Même au point de vue économique, la démarche est vertueuse : une personne qui reste chez elle grâce à un environnement médical adapté coûte moins cher à la société que de couvrir la France d'Ehpad. Et d'ailleurs, est-ce cela que nous voulons, des Ehpad pour tous ? Non, évidemment : liberté de choix avant tout. Chez soi, on garde ses repères et on vieillit moins vite.

En Ehpad aussi, nous devons renverser la table. Je souhaite que chaque Ehpad rende publiques quelques réponses à des questions élémentaires qui reflètent la qualité de vie des résidents : combien de douches par semaine prend un résident ? Combien de temps dure un repas, sachant qu'il faut au moins une demi-heure pour nourrir de façon satisfaisante une personne démente qui a des troubles de la déglutition et qui s'étouffe à chaque bouchée ? Combien de fois par mois quelqu'un vient-il faire la lecture ou tenir compagnie aux résidents, et pendant combien de temps ? La simple publication de ces indicateurs aura une vertu d'amélioration : quel Ehpad se satisferait de rendre public que ses résidents ont une douche tous les quinze jours ? Il faut du personnel en nombre, une douche par jour, des chambres plus vastes, des repas dont la durée est adaptée aux personnes âgées, des exercices physiques quotidiens, et évidemment un modèle économique qui permette de payer du personnel. Et puis les Ehpad privés reçoivent 1 000 euros d'argent public par mois et par résident, quand les Ehpad publics en reçoivent 4 500. De la même manière, les Ehpad sont souvent des opérations immobilières autant que des projets de soins. Une grande partie de leurs dépenses est liée au coût du foncier nécessaire à leur construction. En comptabilisant les chambres des Ehpad, publics et privés, comme des logements sociaux et en les faisant bénéficier des avantages attribués à ces derniers, on diminuerait leur coût immobilier. Les économies ainsi réalisées pourraient être affectées aux soins des résidents. À l'hôpital, de même, nous devons améliorer la prise en charge des personnes âgées : dans chaque service d'urgences nous devrons ouvrir une file d'attente spécifique, avec une unité, du personnel et du matériel dédiés. Les personnes âgées malades nécessitent plus d'attention que les sujets jeunes souffrants. Drôle de société qui s'enflamme légitimement pour la santé des abeilles, mais qui ignore le sort des vieux grabataires dans leur lit…

UNE AUTRE POLITIQUE DE SANTÉ : PROTÉGER LES FRANÇAIS

Refonder un système de santé en crise

Les médecins soignent et les politiques organisent et orientent la politique de santé. Si le système de santé actuel n'a pas permis de soigner tout le monde, s'il a obligé à des sacrifices invisibles mais bien réels, il faut le refonder profondément, lui ou tout au moins sa manière de fonctionner. Comment procéder ? Ne faut-il que des grands plans ou des révolutions ? Ne faut-il pas plutôt, par souci d'efficacité, améliorer de manière impressionniste, par petites touches, tout ce qui peut l'être ? Les deux sans doute. Penser court et long termes. Ne pas s'interdire de se projeter sur plusieurs années mais ne pas attendre le grand soir pour commencer à transformer système et pratiques individuelles. Ne pas s'abriter derrière la lourdeur et l'immensité de la tâche pour justifier l'immobilisme. Penser en dehors des clous et se détacher des process habituels. Faire preuve de bon sens et de sang-froid. Avancer en marchant. Il s'agit moins d'une révolution spectaculaire que d'agilité à tous les niveaux.

Bien sûr, la pénurie de soins est née d'une pénurie de moyens, creusée depuis des décennies au nom des économies nécessaires dans un pays moins prospère qu'autrefois. Il faudrait plus de lits de réanimation pour traverser les crises sans annuler ou déprogrammer les prises en charge des patients qui ont besoin de se faire soigner, mais de manière générale il faudrait construire un système de santé avec des marges de manœuvre mobilisables en cas de besoin. Si nous sommes dépassés dès qu'un virus inconnu surgit, ou même chaque année quand paraissent la grippe ou la canicule, c'est que notre système de santé est sous-dimensionné. La question est matérielle, et plus encore humaine : il faut former et recruter du personnel, en nombre suffisant pour pouvoir sereinement et dans la dignité pour tous affronter attentat, désastre naturel, catastrophe industrielle ou pandémie émergente, mais aussi les problèmes liés au vieillissement de la population. Le virus a rendu encore plus malade notre système de santé : soignons ce dernier. Avant l'apparition du Covid-19, il n'était déjà pas en forme. Meilleur système de santé au monde, disaient ceux qui n'y travaillaient pas, inconscients des fragilités et des dangers potentiels qu'elles créaient. La crise du Covid-19, parce qu'elle dure, démontre hélas tout ce que nous prédisions. Des problèmes systémiques existent depuis longtemps. Le système est désorganisé. Et l'hôpital à la fois débordé et atrophié. Entamer le chantier de la préparation à la prochaine crise implique d'explorer plusieurs pistes.

À court terme : vacciner contre la grippe et la perte de sens

À court terme, il faut développer des stratégies contre ce coronavirus qui nous désorganise. Chaque jour apporte son lot de connaissances, néanmoins nous saisissons encore mal son fonctionnement et les effets qu'il a sur certains d'entre nous. La recherche évoluera. Nous devons agir à tous les bouts de la chaîne : nous intéresser à lui, aux traitements et aux vaccins, autant qu'à notre stratégie de défense. Dans l'immédiat, une chose extrêmement banale doit être faite : rendre obligatoire la vaccination contre la grippe pour les soignants et tous ceux qui sont amenés à s'occuper des personnes âgées. Cela inclut les aides-ménagères, les assistantes de vie et ceux qui interviennent en établissement ou à domicile. Cette vaccination obligatoire est indispensable pour éviter la conjonction d'une épidémie de grippe grave et de la pandémie de Covid ou de tout autre agent infectieux : cocktail garanti du chaos à l'hôpital et dans les Ehpad !

La question de la vaccination, et de la réticence – ou de la légèreté – de beaucoup de soignants à son égard, n'est pas anodine. D'après Santé publique France, seulement 23 % des aides-soignants travaillant en Ehpad et 60 % des médecins hospitaliers se sont fait vacciner contre la grippe en 2018. La vaccination contre un agent infectieux qu'on risque de transmettre soi-même est d'abord une obligation morale pour ceux qui prennent soin de personnes âgées. Les faibles chiffres de vaccination sont en outre révélateurs de la profonde crise de sens qui affecte les professions médicales. En rendant nos activités plus standardisées et donc plus automatiques, pour des raisons légitimes d'efficacité et de sécurité, on a imperceptiblement perdu de vue la mission initiale et essentielle : prendre soin, entourer et protéger les plus faibles. Les personnels de santé ne doivent pas être des techniciens supérieurs comme on le leur apprend parfois dans les écoles de médecine. Ils ont une mission qui les dépasse, comme autrefois les hussards noirs de la IIIe République ou les Poilus de la Grande Guerre. Ils méritent pour cela la plus grande des considérations. Les applaudissements de 20 heures pendant le confinement faisaient parfois monter les larmes à nos yeux fatigués. Ils regonflaient aussi les torses de fierté et de responsabilité. Nous étions collectivement le corps social des soignants, conscient d'être au service plein et entier de nos semblables, force de protection de la nation, au risque de notre propre santé. Cette reconnaissance nous rappelait la mission qui nous oblige. Rendre obligatoire la vaccination des soignants, c'est retrouver ce souffle. Grands mots, me dira-t-on peut-être. Oui, grands mots pour mission fondamentale.

Former plus de soignants : une urgence

À plus long terme, la vraie solution est connue pour désengorger l'hôpital : le décharger du suivi des malades chroniques qui seraient confiés aux médecins de ville, et le réserver aux diagnostics difficiles et aux complications. En temps normal, trop de gens viennent à l'hôpital alors qu'ils pourraient être mieux pris en charge par les généralistes ; l'organisation du parcours de soins doit être revue. Problème : nous n'avons plus assez de médecins de ville. Depuis le temps qu'on le dit, donnons-nous enfin le moyen de rétablir l'équilibre. Il y a aujourd'hui moins de médecins actifs en France qu'il y a dix ans, alors que la population est plus importante, plus âgée et plus malade, avec une forte hausse des affections de longue durée ces quinze dernières années. Je propose qu'on augmente considérablement le nombre de médecins généralistes formés en majorant de 20 à 30 % les capacités d'accueil des facultés de médecine. La formation prendra des années, nous dit-on : raison de plus pour commencer dès à présent.

Et en attendant l'arrivée de ces nouveaux praticiens, il faut agir. On pourrait gagner du temps en confiant dès maintenant certaines de leurs missions à d'autres. Permettons aux infirmiers, mais aussi aux kinésithérapeutes, de pratiquer des actes aujourd'hui réservés aux médecins. Donnons le droit aux infirmières de prescrire des bilans biologiques ou radiologiques, ou certaines molécules en s'appuyant sur des protocoles validés… Est-il toujours nécessaire de retourner voir son médecin généraliste pour qu'il vous prescrive un renouvellement de vos diurétiques ou de vos médicaments pour la prostate ? Faire appel à une infirmière appliquant des critères préétablis serait plus rapide. Les nouvelles fonctions d'« infirmière de pratiques avancées » sont un plus, mais il faut en généraliser le principe.

Apprendre à anticiper : une guerre logistique

Si la pandémie nous fait vaciller, c'est également par manque d'organisation. Quand la crise est là, il est trop tard pour planifier. On pare au plus pressé, on s'adapte, on fait parfois des miracles mais on se heurte à des impasses. Chacun bricole dans son coin ; on ne réfléchit pas bien dans la cacophonie du chaos. L'anticipation doit devenir notre maître mot. Et si nous voulons être prêts en cas de nouvelle crise, il faut commencer par clarifier un point : qui dirige les opérations ? Le Président, le Premier ministre, le ministre de l'Intérieur, le ministre ou le directeur général de la Santé ? Les choses ne sont toujours pas claires. On nous a dit que nous étions « en guerre », sans armer les combattants ni désigner un commandant en chef. Ce fut confus et inefficace.

Anticiper, c'est voir venir. Pourquoi les autorités n'ont-elles pas vu arriver la vague du printemps, malgré les alertes de l'OMS et de nos voisins, et si peu la seconde vague de l'automne ? Le fait de ne pas tester précocement a été une erreur évidente. En Nouvelle-Zélande, les établissements pour personnes âgées ont été testés dès le troisième jour après le premier malade. Chez nous, il a fallu attendre des mois. Mais la question se pose aussi des indicateurs d'alerte et de suivi. Certains maires qui organisaient pourtant leur commune pour lutter contre le virus se sont plaints de ne pas disposer d'indicateurs locaux d'évolution de la maladie, qui leur auraient permis d'adapter leur réponse. Utilisons-nous le meilleur de l'innovation en matière de recueil et d'analyse ?

Anticiper, c'est en outre avoir suffisamment de stocks pour

faire face aux mauvais temps. Les guerres modernes sont des guerres logistiques. On a manqué de tout : masques, tests, lits de réanimation, gants, médicaments, blouses… Nous devons impérativement constituer et alimenter des stocks stratégiques pour encaisser le premier choc, et nous prémunir d'une rupture des flux mondiaux d'approvisionnement grâce à des capacités industrielles locales minimales. La question vaut dans tous les domaines. Il y va de la survie des malades et des soignants, ainsi que de notre indépendance. Cette crise sanitaire aura été un véritable crash-test pour notre souveraineté. Son résultat ? Il y a de grandes marges d'amélioration, pourrait-on écrire charitablement. Que vaut un hôpital sans médicaments ? Que vaut un pays qui ne produit plus de quoi se protéger ? Un général, récemment, avait même l'air de douter de notre capacité à produire rapidement des munitions pour nos armées sans l'aide de l'étranger, si le besoin s'en faisait sentir. Quant aux antibiotiques, indispensables en médecine et chirurgie mais aussi en agriculture, 80 % de ceux qui sont utilisés en France sont fabriqués en Chine. L'empire du Milieu, s'il venait à être animé de mauvaises intentions à notre égard, n'aurait pas besoin de nous déclarer la guerre, juste de stopper ses exportations de médicaments… Prévoir le pire, pas pour cauchemarder mais pour s'en prémunir. Nous devons, sinon rapatrier des productions en France, du moins diversifier nos fournisseurs pour ne pas dépendre d'un unique pays. Cette question dépasse le Covid-19 : c'est une question fondamentale d'indépendance nationale.

Outre les stocks de matériel et de médicaments, la question centrale concerne encore une fois nos capacités en lits de réanimation. Démonstration a été faite que 5 000 lits pour notre population sont insuffisants. Il est vital que nous en augmentions le nombre. Mais il faut envisager le pire : que se passerait-il si certains de nos hôpitaux devenaient brutalement indisponibles du fait d'un événement industriel ou terroriste majeur ? Il est nécessaire de créer une réserve stratégique de lits de réanimation, en zone non dense et donc peu vulnérable. Et de stocker ventilateurs et moniteurs. De les rendre facilement utilisables, et de prévoir leur entretien en temps de paix pour qu'ils soient opérationnels dès le premier coup de canon. On entretient bien des casernes de pompiers même s'il n'y a pas le feu, et des sous-marins nucléaires lanceurs d'engins sans que, heureusement, aucun missile n'ait été tiré depuis cinquante ans. Qui aurait l'idée d'en contester l'utilité ? Cette réserve stratégique de lits de réanimation est une assurance de même nature pour la nation.

C'est parce que nous avons été « courts sur pattes » en capacité de réanimation et d'hospitalisation que nous avons dû confiner. Si nous avions disposé d'un nombre illimité de places en réanimation (hypothèse impossible mais faite pour les besoins de la démonstration), la France n'aurait jamais eu besoin de confiner ou de fermer ses bars, stades et festivals. Il y a une relation directe entre les capacités d'accueil à l'hôpital et le moment ou l'intensité du confinement. Ouvrir des lits supplémentaires de réanimation ? C'est une question à la fois matérielle, facile à gérer quand on n'est pas dans l'urgence, et de ressources humaines, plus délicate. Au plan matériel, on construirait des bâtiments sommaires, prêts à l'emploi, qu'on ouvrirait au besoin pour augmenter rapidement les capacités d'accueil en cas de reprise d'épidémie, d'attentat ou de survenue d'un péril d'ampleur, menaçant de nous submerger. La question des ressources humaines est plus complexe : nous devons former nos propres équipes de médecins et d'infirmiers spécialisés, nous l'avons dit, mais cela prendra des années. En attendant, comment procéder ?

C'est là qu'il faut être imaginatifs. On pourrait par exemple, dès maintenant et en quelques semaines, former massivement à un nouveau métier d'auxiliaires de santé. Ceux-ci aideraient les soignants dans les tâches les moins spécialisées : brancardage, toilette des patients, aide à la marche, retournement des malades en réanimation… Davantage, on pourrait augmenter rapidement nos effectifs en promouvant tous les professionnels de santé volontaires. Avec une formation courte de quelques semaines, on transformerait certains agents hospitaliers en auxiliaires aides-soignants, certains aides-soignants en auxiliaires infirmiers et certains infirmiers en auxiliaires médecins juniors. Quelle serait la définition d'un auxiliaire ? Ce serait un professionnel amené à assumer quelques fonctions limitées, habituellement dévolues à un professionnel d'un niveau supérieur, et que l'on définirait selon les besoins locaux. Certes, ce type de mesure suppose une organisation de guerre et doit être planifiée. Elle nécessite aussi du caractère pour vaincre les immobilismes. Mais à la guerre comme à la guerre.

Là où il y a pénurie, il faut réfléchir en dehors des

sentiers battus : on pourrait ainsi, par exemple, identifier tous les médecins qui ont eu dans leur carrière une expérience de réanimation, même lointaine, et les mettre à niveau de manière à ce qu'ils puissent seconder des réanimateurs de métier. Le même raisonnement vaut pour les infirmiers et les aides-soignants. Pour résoudre les crises, il s'agit d'être inventifs.

Créer une réserve sanitaire européenne, voire mondiale

Nous devons organiser une réserve sanitaire européenne sur le modèle de la réserve sanitaire française. Cette dernière a recensé les volontaires de tous les métiers de la santé sur tout notre territoire et les a répartis là où c'était nécessaire. Il y a eu des loupés, mais sans elle nous n'y serions pas arrivés en mars. Seulement, ces spécialistes ne sont pas éternellement mobilisables, parce qu'ils ont des missions à assumer dans leurs postes de tous les jours. Nous devons voir plus large et faire la même chose à l'échelon de l'Union. Et, avant même de mettre en place des structures forcément lourdes, pourquoi n'avons-nous toujours pas un recensement des professionnels de réanimation dans l'Union européenne ? Il revient à la Commission de prendre ce travail à bras-le-corps : c'est dans ses attributions puisque l'article 168 du traité de fonctionnement de l'Union européenne prévoit que « l'action de l'Union comprend également la lutte contre les grands fléaux ». Profitons du vaste espace européen pour construire une réserve internationale de renforts médicaux qui viendraient aider nos hôpitaux (et ceux des autres pays) en difficulté.

Cela demandera une volonté et une organisation sans faille. Rentrons dans le détail : en accueillant des soignants étrangers, un des moyens d'éviter l'écueil de la langue serait de choisir de mobiliser non pas des professionnels isolés, mais des équipes entières de même nationalité, qui travailleraient ensemble et se comprendraient sans avoir à passer par la traduction. Et si l'Europe n'était pas assez vaste et que nous avions besoin de renforts, ne nous interdisons pas de faire appel à des équipes venues d'autres continents, Asie ou Afrique, par exemple. J'ai personnellement vécu une telle organisation en 2008 en Afghanistan. Je m'étais porté volontaire dans l'armée, et j'avais été intégré avec le grade de commandant comme anesthésiste-réanimateur militaire dans les troupes françaises engagées contre les talibans. Au-delà de l'inoubliable expérience humaine, j'avais apprécié la collaboration de trois équipes médico-chirurgicales militaires : la française (la mienne), la bulgare et l'allemande. Nous soignions indifféremment les soldats de l'OTAN, les soldats afghans, les talibans et les civils. Tout cela fonctionnait. Faisons pareil dans la réserve stratégique de lits de réanimation décrite plus haut, ou dans des hôpitaux éphémères que nous aurions construits et équipés comme d'autres l'ont fait, dans des constructions modulaires ou dans des parkings. Faisons-y venir de chez nos voisins des équipes issues d'un même pays. Confions par exemple le premier hôpital éphémère à des équipes allemandes : ce sera notre hôpital allemand. Confions le second hôpital éphémère à des équipes danoises : ce sera l'hôpital danois. Et ainsi de suite. Et si les Européens ne peuvent nous fournir suffisamment d'équipes, allons chercher des Chinois. Nous aurons un hôpital éphémère géré par des Chinois. Cela ne vaudra-t-il pas mieux que de ne pas soigner du tout ? Ce sera de toute façon plus efficace que notre gestion à la petite semaine.

La France doit cesser de croire qu'elle peut tout faire seule

Au-delà de cette réserve sanitaire, nous aurions intérêt à développer la coopération européenne dans tous les aspects de la gestion d'une crise sanitaire quand celle-ci est majeure. La France est persuadée qu'elle a le meilleur système de santé du monde, et ce péché d'orgueil la conduit dans le mur. Il aura fallu le danger mortel du Covid-19 pour que nous consentions à rejoindre en catastrophe une plateforme internationale créée pour concevoir des vaccins innovants, que nous regardions jusque-là de haut. Quand nos capacités hospitalières ont été débordées, nous avons transféré quelques malades chez nos voisins. Mais trop peu et trop tard. Une habitude bien française est de considérer que nous pouvons toujours tout régler seuls. Ce n'est clairement plus le cas, la preuve nous en a été infligée durant cette crise. Nous devons changer d'état d'esprit. Imaginons un attentat bactériologique ou radiologique dans une métropole : la réponse ne pourra se faire qu'avec nos voisins. En cas de catastrophe, l'échelon européen permet de tout mutualiser : les stocks de matériel et de médicaments, les médecins et infirmiers, les moyens de transport dédiés, les capacités en lits, et même cette réserve stratégique de lits de réanimation évoquée plus haut. Autre proposition, que j'avais évoquée avec Michel Barnier : équiper en trains sanitaires quatre ou cinq trains réformés, et les placer aux quatre coins de l'Union, en attente, prêts à transférer des malades d'un point à l'autre du continent pour soulager une zone débordée par un événement inhabituel.

Quand je parle de l'idée de réserve sanitaire européenne à mes confrères, certains la trouvent « gonflée ». Elle est simplement « en dehors des clous ». À situation exceptionnelle, réponse exceptionnelle. Il s'agit d'ailleurs plus d'agilité et de pragmatisme que d'audace. Faire de la politique, c'est agir. C'est aussi s'obliger à penser autrement, pas pour le plaisir narcissique de bousculer mais parce qu'on attend justement d'un homme politique qu'il rende possible ce qu'on croit difficile ou impossible à atteindre. À quoi sert un dirigeant s'il n'est pas capable de proposer autre chose que ce qui est prévu, quand ce qui est prévu devient insuffisant ou inadapté ? L'homme politique est celui qui a suffisamment de caractère pour trouver des chemins inédits.

L'appareil d'État : trop lent, trop lourd

Une autre des leçons à tirer concerne l'appareil d'État. Dans la crise du Covid, il a toujours eu un train de retard sur les événements ou sur les initiatives des collectivités et des acteurs économiques. L'administration centrale peut être la meilleure et la pire des choses. La meilleure quand elle assure la stabilité des politiques publiques, la pérennité de l'État et l'égalité de tous ses usagers. La pire quand elle se transforme en monstre d'inertie, gavé de procédures, se souciant de ses règles de fonctionnement plus que du service à rendre. Nous en sommes là : l'administration qui devrait être au service du public est devenue un mammouth ankylosé. L'hyperadministration empêche et éteint tout. Combien d'immobilismes, de chefs et de sous-chefs, d'ordres et de contrordres aura-t-on dû vaincre pour rendre le masque obligatoire dans les lieux publics clos, pour faire rouler certains trains sanitaires, ou empêcher l'État de réquisitionner les masques que les régions et communes avaient commandés ? L'hyperadministration est le grand mal d'une démocratie à bout de souffle. Comment rendre l'État plus agile ? La question est complexe. Une des réponses pourrait être de varier le profil très monochrome des hauts fonctionnaires, dont certains ont été complètement dépassés par le caractère inédit des questions qui se posaient et la nécessité de réfléchir en dehors des cadres habituels.

Notre administration était une administration de paix, là où il nous aurait fallu une administration de guerre. Le millefeuille administratif a aggravé les choses en complexifiant les circuits là où il aurait fallu les simplifier. En multipliant les échelons, il a dilué les responsabilités. On a trop décidé d'en haut et sans concertation avec le terrain.

Vertu des circuits courts de décision

Cette crise du Covid-19 aura eu le mérite (mais à quel prix !) de nous faire redécouvrir la vertu des circuits courts de décision. Les hôpitaux s'en sont sortis pendant la première vague, non grâce aux directives imaginées dans des soupentes ministérielles lointaines où vivent quelques plumitifs ignorants des réalités, mais parce qu'ils se sont pris en charge. À l'échelle locale, ils ont déterminé leurs besoins et inventé leurs solutions. Donner des responsabilités à des hommes, c'est leur offrir la possibilité de donner le meilleur d'eux-mêmes. À l'hôpital comme dans les autres aspects de la vie publique. C'est pour les mêmes raisons que j'ai toujours été un fervent défenseur de la décentralisation : je le suis plus encore depuis la crise du Covid-19. Bien sûr il faut une politique de santé au niveau national, pour s'assurer des stocks stratégiques et des grandes orientations. Mais sinon, il faut décentraliser et faire confiance.

À l'hôpital, nous nous sommes appuyés sur les praticiens pour définir les priorités et l'organisation. Mais il faut aller plus loin, en confiant maintenant aux régions l'organisation de la santé. Celle-ci gagnerait en efficacité et sans doute en moyens. Depuis que les régions les gèrent, les lycées ne sont-ils pas mieux entretenus que lorsque l'État les administrait ? Plus proches des besoins et des spécificités des territoires, plus rapides dans la décision et l'exécution, les régions ont fait la preuve de leur savoir-faire en matière d'éducation et de transports : confions-leur la santé ! Cela demandera des adaptations, naturellement. En particulier, il conviendra que chaque année des Objectifs régionaux d'assurance-maladie soient votés par l'Assemblée nationale en lieu et place de l'actuel Objectif national d'assurance-maladie. Comme il le fait dans tous les domaines de l'action publique décentralisée, l'État veillera à assurer l'équité entre les régions riches et les régions pauvres par le biais des péréquations. Faire confiance aux échelons locaux, voilà une piste qui marche. On l'a vu durant la crise ; on l'a vu aussi en période normale avec l'expérience de l'hôpital de Valenciennes : en faillite il y a dix ans, cet établissement a été redressé en donnant une vraie autonomie de gestion aux chefs de service. Débarrassés d'une administration paralysante, ils ont développé leurs projets bien au-delà de ce qui se fait ailleurs. Cet hôpital est aujourd'hui un outil de santé performant, qui offre des prestations médicales haut de gamme, dans un territoire appauvri comme il en existe bien d'autres.

Sauvons les services publics ! Modernisons-les !

Je crois aux services publics. Hôpital, mairie, armée, pompiers : je leur ai consacré ma vie, n'entendant pas exercer ailleurs qu'à l'hôpital. Mais quel spectacle ! Ils sont en piètre état, et je sais comme beaucoup de Français qu'on ne peut plus continuer ainsi. Il faut les réformer pour les sauver. Mais attention aux traitements tellement lourds qui les tuent. Ou aux faux amis qui, refusant toute modernisation, les ruinent et les condamnent à l'extinction. La droite et la gauche se sont caricaturées sur le sujet. La droite, en prétendant supprimer sans aucune distinction 500 000 fonctionnaires. La gauche, en définissant le bon service public comme celui qui embauchait le plus de fonctionnaires jusqu'à le conduire à la paupérisation puis à la faillite que nous observons, sans se préoccuper du service final rendu, le mot même de « résultat » étant suspect. Le service public de demain devra reposer sur un riche réseau, présent partout sur le territoire, avec des outils et des conditions de travail modernes pour des agents modernes, s'adaptant aux conditions locales, transparent sur le service rendu, bienveillant, aimable et efficace, rendant des comptes à ses usagers et capable de remettre en cause ses méthodes quand il ne remplit pas la mission attendue.

En ce sens, je suis partisan d'introduire plus de transparence sur les résultats des services publics, et notamment des hôpitaux. Chaque année, quand le « Classement des hôpitaux » du *Point* est publié, toute la France de la médecine se jette dessus et le dévore. Si nous n'organisons pas nous-mêmes de tels indicateurs, *Le Point* aujourd'hui et les réseaux sociaux demain le feront pour nous. Voulons-nous un TripAdvisor des hôpitaux et des cliniques de France, avec toutes les dérives imaginables ? Jouons le jeu. Établissons pour les établissements de soins une liste d'indicateurs incontestables. Par exemple, on sait que si plus de quarante-huit heures s'écoulent entre la survenue d'une fracture du col du fémur chez un patient âgé et l'intervention chirurgicale de réparation, le patient sera victime de plus de complications et aura plus de risques de mourir. Je propose que chaque établissement de santé publie le délai qu'il lui faut pour opérer un patient souffrant d'une telle fracture. En trouvant quelques exemples pertinents de ce type et en publiant les résultats, on encouragera les établissements à améliorer leurs pratiques et la qualité des soins. Surtout, n'en faisons pas un énième outil de régulation administrative, mais un outil de transparence. On mettra ainsi à la disposition du public des informations fiables et robustes.

La première inégalité de santé réside dans la connaissance du système. Personnellement, je sais où me faire opérer. Je sais surtout où éviter d'aller ! Ce type d'information d'initié doit être partagé. Nous y gagnerions tous. La transparence doit être mise au service de la qualité.

Un service public moderne, c'est un lien entre les Français. Rouvrons massivement des écoles, des bureaux de poste, des commissariats, renforçons les dotations des hôpitaux, modernisons et rendons propres et sûrs les transports. Je pense particulièrement aux villes de moins de 10 000 habitants et aux zones rurales où de nombreux habitants se sentent délaissés, ce dont les Gilets jaunes étaient un symptôme. À l'avenir, quand on mettra 1 euro dans les métropoles, il faudra aussi mettre 1 euro dans la ruralité et 1 euro dans les villes moyennes.

Où va notre argent ? Hyperadministration, fraude et gâchis

Où trouver de l'argent ? Je ne crois ni à l'argent magique qui tombe du ciel ni à toute autre solution de bonimenteur. La réalité est simple : année après année, la France s'est appauvrie. Quel que soit l'indicateur retenu, elle est devenue plus pauvre que ses grands voisins : la récente crise n'a fait que le rappeler crûment. L'Allemagne a 1 000 milliards de PIB de plus que la France (Allemagne : 3 200 milliards, France : 2 260 milliards)… Avec une telle différence, ne soyons pas étonnés de nous retrouver avec 5 000 lits de réanimation quand nos voisins d'outre-Rhin en ont 25 000. Si l'on prend une autre unité, le « standard de pouvoir d'achat » (SPA), qui est le PIB par habitant corrigé du coût de la vie, la conclusion est la même : les Français se retrouvent avec 33 000 euros par habitant, tout juste à la moyenne de la zone euro. Nous sommes loin derrière les Luxembourgeois (81 000 euros), les Irlandais (59 300 euros), les Danois (40 100 euros), les Néerlandais (39 900 euros) ou les Autrichiens (39 600 euros) (chiffres Eurostat). Nous avons donc moins d'argent que les autres pour nous soigner et pour tous les autres services publics. Raison de plus pour l'utiliser à bon escient. Or, malgré nos taux de prélèvements record, notre État est fragile en matière de santé, d'éducation, de justice ou de sécurité. Quand aurons-nous en France un débat sur l'usage qui est fait de nos impôts ? Nous continuons à jeter l'argent par les fenêtres ou à ne pas le dépenser là où il faudrait.

Pour la santé, c'est flagrant : l'argent ne va pas suffisamment aux soins. Ainsi y a-t-il dans les hôpitaux publics presque autant d'emplois administratifs, en particulier des personnels de direction, que d'emplois de médecins ! Qu'on en juge. Dans les hôpitaux publics, on emploie 98 599 équivalents temps pleins médicaux (sans les internes) et 96 216 équivalents temps pleins administratifs. Presque un médecin pour un administratif ! Et encore ces chiffres de 2014 n'incluent-ils pas les bataillons des ministères et des agences en tout genre qui aggravent le poids bureaucratique. Il n'est pas inintéressant de noter que, au même moment, l'hospitalisation privée à but lucratif arrive fort bien à se gérer avec moins d'emplois administratifs, preuve qu'une grande administration ne fait pas de bons hôpitaux : dans le privé, le ratio est de 39 424 médecins pour 18 889 administratifs. Si encore cette pléthorique administration publique était efficace. Mais nous a-t-elle mieux préparés à l'épidémie, en commandant des masques, des tests et tout ce qui nous a manqué ? Non. Or, elle a un coût considérable : je propose un plan d'amaigrissement de ses effectifs au bénéfice des personnels au contact direct des malades. On gagnerait sur deux tableaux. D'abord sur les salaires et les charges, avec des économies qui se chiffreraient en milliards d'euros. Et aussi sur le temps que nous, médecins, consacrons à des tâches administratives et des réunions improductives sans fin. Car plus elle est obèse, plus l'administration est tentée de manger notre temps par des réunions qui peuvent ne servir à rien, à part justifier son existence. Autant d'heures que nous ne dédions pas aux soins.

Où trouver de l'argent, disions-nous ? Citons les 20 milliards par an – soit deux à trois fois le Ségur de la santé – de dépenses de santé inutiles (actes redondants, ou médicalement injustifiés), ou les 6 milliards de frais de gestion des organismes complémentaires de santé pour des actes en doublon de ceux de la Sécurité sociale (Jean Tirole). En matière sociale, le juge Charles Prats a montré l'immensité de la fraude et son coût : chaque mois, la France verse une prestation sociale à 73,4 millions de personnes alors que notre pays ne compte que 67 millions d'habitants... Cherchez l'erreur. Coût estimé : 30 à 70 milliards d'euros par an. Et si l'on regarde au-delà de la santé, puisque le budget de la France n'est qu'un, évoquons également les 1 200 (!) agences de l'État, qui ne sont sans doute pas toutes inutiles, mais dont la masse salariale a bondi de 20 % entre 2012 et 2017 avec désormais près d'un demi-million de salariés y travaillant. A-t-on l'impression d'être mieux administrés pour autant ? L'Ifrap estime à 3 à 5 milliards par an un objectif raisonnable d'économies qui pourraient utilement être réinjectées dans des services au contact du public. On se posera peut-être aussi un jour la question du crédit impôt recherche (6 milliards par an), et de bien d'autres sommes dont l'État se prive pour des résultats contestables.

Au-delà de ces mesures de bonne gestion qui redonneraient de l'oxygène à un système cyanosé, il y a la question fondamentale de la richesse générale du pays. Nous savons tous que pour distribuer des richesses, il faut d'abord les produire. Pour cela, il faudra refuser de s'abandonner à l'« à quoi bon » ou au « on a tout essayé ». Des mesures seront nécessaires si l'on veut faire le pari des services publics. Certains pays ont rencontré l'homme providentiel, qui a eu le courage des réformes : l'Allemagne des années 1990 a trouvé en Gerhard Schröder celui qui a permis à son pays de renouer avec le plein emploi et la prospérité. Nul ne penserait aujourd'hui à imiter en France des réformes adaptées à l'Allemagne d'il y a quinze ou vingt ans ; mais comme notre pays serait inspiré de rechercher une femme ou un homme doué d'une même force de volonté…

Le système de santé : l'assurance-vie de notre économie

La politique de santé est une assurance-vie pour la nation. Pourquoi notre économie est-elle aujourd'hui à l'arrêt ?

Parce que notre système de santé n'est pas parvenu à remplir ses missions. Combien de centaines de milliards auraient-ils été économisés si on avait dépensé en amont quelques milliards pour renforcer nos digues sanitaires ? Pour faire repartir l'économie, il faut d'abord remettre à niveau le système de santé. En 1914 et en 1940, face au danger, un budget supplémentaire avait été voté, tout entier tourné vers l'industrie de guerre, pour doter le pays des moyens qui lui manquaient pour se défendre. En 2020 aussi nous avons voté un budget supplémentaire pour nous défendre : le plan de relance. Mais sur ses 100 milliards d'euros, moins de 10 ont été fléchés vers la santé… Quelle erreur ! Aurait-on compris, en 1914 ou 1940, que seules 10 % des ressources supplémentaires votées aillent à l'armement ? À quoi sert de financer la relance si les entreprises sont à nouveau arrêtées par la nécessité d'un reconfinement ? L'urgence est de remettre à niveau notre système de santé, condition d'une reprise d'une vie sociale et économique normale.

On nous rétorquera que le plan de relance n'est pas fait pour financer des investissements non productifs. C'est vrai, mais une fois de plus, sans hôpitaux, médecine de ville et prise en charge du vieillissement, pas de reprise. Charge à nous de faire d'une pierre deux coups en renforçant à la fois santé et économie, et en investissant d'abord dans la recherche, l'innovation et les industries de santé.

ÉPILOGUE

Sortir de la crise de la confiance

> « Le souvenir de ces journées m'empêchera toujours, si jamais j'en étais tenté, de désespérer du peuple français. »
>
> Marc Bloch

Responsabilité des citoyens… et des pouvoirs publics

Cette crise n'est pas terminée, ses conséquences sanitaires, économiques, sociales, culturelles et politiques se feront sentir longtemps. Elle aura profondément changé notre rapport au monde. Elle aura pointé nos fragilités et accentué les fractures, mettant à mal le tissu économique et social. Elle aura accentué l'écart entre zones rurales et villes trop denses, où promiscuité, précarité et isolement se sont faits complices du virus. Elle nous aura montrés tels que nous sommes : terriblement vulnérables, réduits à ne pas pouvoir soigner tous les malades, à devoir renoncer à nos libertés fondamentales, à accepter que les écoles, les restaurants ou les lieux de spectacles ferment, et à subir des interdictions de déplacement. Qu'aura-t-elle modifié dans notre confiance en la Santé et en nos gouvernants ? Jusqu'où sommes-nous prêts à aller pour résister au virus ? Que sacrifierions-nous, de nos libertés notamment, pour tenir l'épidémie en respect ? La réponse appartient à chacun d'entre nous et dépend de chacun d'entre nous.

Les gestes barrières sont en ce sens essentiels : que chacun porte un masque et lave ses mains le plus souvent possible, et nous construirons, avec chacune de ces petites clôtures, une solide forteresse contre les assauts volatils de la maladie ; que chacun se vaccine, si un jour cela devient possible, et l'immunité collective prendra tout son sens de solidarité commune et de responsabilité individuelle. Notre réponse au virus dit beaucoup de la société que nous voulons construire. Solidaire ou égoïste ?

Il serait pour autant court, dangereux et injuste de tout faire reposer sur la seule responsabilité des citoyens. Court parce que insuffisant. Dangereux car atomisant la riposte, la rendant dépendante des paresses ou des lassitudes individuelles. Injuste car notre stratégie nationale ne peut pas ne reposer que sur les gestes barrières. Les pouvoirs publics doivent prendre leur part, par des décisions adaptées. Si l'épidémie repart, ce ne peut pas être sans cesse de la faute des citoyens qui ne respecteraient pas les consignes. Parmi les responsabilités de l'État, il y a la conduite des opérations. Si nous sommes tous les fantassins du Covid-19, nous avons besoin d'un chef. Difficile de franchir le pont d'Arcole sous la mitraille si Bonaparte ne vous inspire pas confiance. Ce mot, confiance, est pour moi le plus important.

Il faut cesser de trahir la confiance des Français

Avec de la confiance, nous sommes méthodiques et calmes, rassurés et tournés vers l'avenir. Sans confiance, nous sommes sceptiques et paralysés, affolés et parfois désobéissants. Comment espérer contraindre sur le long terme des gens à faire des efforts – porter le masque, se vacciner, ne pas faire de fêtes imprudentes, venir travailler dans un hôpital débordé pour un salaire modeste – s'ils n'y croient pas ?

Or, nous avons manqué d'une direction claire et solide dans le combat un peu abstrait qui se présentait. Les injonctions contradictoires, les changements de doctrine, l'agitation des responsables auront été contreproductifs et, pire encore, auront infusé le poison de la méfiance. On nous a menti avec aplomb (« les masques ne servent à rien »). On a tenu des discours contradictoires. On a fait des promesses puis on les a trahies. Certes, personne n'a été dupe longtemps. Mais comment poursuivre les efforts quand le lien de confiance est rompu ? Qu'est-ce qu'un chef ? demande Marc Bloch dans *L'étrange défaite*. C'est celui qui sait « insuffler aux autres cette confiance que nul ne peut donner s'il ne la possède lui-même ». Et de poursuivre : « Quand il fallut aller vite, nos chefs, trop souvent, confondirent la fièvre avec la promptitude. » J'ajouterais, pour coller à la période :

nos chefs confondirent la communication avec l'action, et la contrainte avec l'autorité.

La confiance ne se gagne pas par les éléments de langage formatés des experts de la communication. Elle se gagne par la sincérité et l'authenticité. Avec cette crise, les Français ont appris à distinguer un discours artificiel d'un discours de sincérité. Qu'ils soient en accord ou en désaccord avec ce qui est dit, ils se fient désormais à celui qui est sincère, même s'ils ne partagent pas tous ses avis. Y compris quand il avoue ne pas savoir répondre à une question ou lorsqu'il regrette de s'être trompé. Dire « je ne sais pas » vaut toujours mieux que la théâtralisation de fausses certitudes.

Dans cette tragédie collective, il y a eu une crise logistique, une crise d'organisation et de leadership, mais aussi une crise de la vérité et donc de la confiance. Cette dernière est peut-être la plus destructrice, car elle ruine l'autorité. Ne pas trahir la confiance ne signifie pas ne pas se tromper. Qui peut croire que la politique serait la seule activité humaine où on ne se tromperait jamais ? C'est reconnaître ses erreurs quand on en commet. C'est montrer de la prudence, en l'expliquant, pour qu'on ne la confonde pas avec l'indécision. C'est être humble face aux doutes. C'est évidemment ne pas mentir. En l'occurrence, les autorités auraient gagné en crédibilité si elles avaient d'emblée expliqué que nous n'avions pas de masques pour le public car il fallait les réserver aux soignants, plutôt que de se perdre en affirmant leur inutilité. Nous payons cher ce coup de canif originel dans la confiance. L'autorité est ruinée, la parole politique est démonétisée. Nous ne serons prêts à affronter de nouvelles épreuves que si nous recréons l'adhésion.

Renoncer à l'« absolutisme inefficace »

Un des éléments fondamentaux de l'efficacité de la lutte contre un tel fléau, c'est le comportement humain. Plus le mode de gouvernement sera partagé et transparent, plus les décisions prises seront acceptées par nos concitoyens. L'idée que deux minutes avant l'intervention du président de la République tout le monde ignorait si le pays allait être confiné, si les commerces, les écoles, les églises, les stades, les théâtres et les bibliothèques pourraient ouvrir, si les promenades, les mariages et les enterrements seraient autorisés, si les plus âgés seraient confinés ou les élections repoussées, est vertigineuse. Tout dans la parole d'un seul homme. Un mot, et les Ehpad sont interdits aux visites. Un autre, et ils sont ouverts. Sans discussion. Sans appel possible. Quel contraste avec la chancelière allemande, par exemple, habituée à discuter loyalement avec les Länder, le Parlement, ses ministres et les organisations patronales et syndicales avant la moindre décision. Ici, rien. Un homme seul décide et impose, certes éclairé par un comité ou un bureau dont il a lui-même choisi tous les membres et qui n'est que consultatif. Partout ailleurs, on discute et partage les décisions. Où sont ici les scénarios alternatifs, les études d'impact, les avis divergents ? Il y en a. Pourquoi tel choix plutôt qu'un autre ? Que de tels arbitrages puissent s'imposer sans que tout ait été préalablement mis sur la table est, en 2020, tout bonnement incroyable. Je pense à Jean-François Revel et à son essai sur le présidentialisme à la française : *L'absolutisme inefficace*. Nous y sommes à la puissance dix. Et il ne faut pas compter sur le débat à l'Assemblée nationale, le lendemain des annonces, pour introduire un minimum de contradiction. Tout est ficelé. Pire même, on tente d'impressionner les quelques parlementaires qui laissent percer des doutes sur les mesures prises, en les accusant de mettre en danger la vie des Français… Rien que ça. En démocratie pourtant, tout devrait se discuter. Comment faire comprendre à nos gouvernants que c'est maintenant le seul chemin pour obtenir l'adhésion des citoyens aux décisions difficiles ? Prendre un peu de temps pour discuter en amont rend collectivement plus intelligent, et permet de tisser ce lien de confiance qui rend possible l'adhésion.

Le risque d'explosion du corps social

Panser les plaies de la confiance abîmée est un enjeu aussi important que réparer le système de santé à terre. Car ce qui se joue est grave : en cas de rupture entre gouvernés et gouvernants, le risque majeur est la désagrégation du corps social, le refus d'obéir et l'explosion de la violence. Comment respecter des autorités qu'on ne comprend pas, qui semblent si faibles et incapables de nous protéger ? La désorganisation de la parole publique, l'arrogance, les mensonges et les promesses non tenues attisent la colère des Français. Et s'ils se sentent trahis, ils peuvent être tentés d'enfreindre la loi. De refuser le couvre-feu, par exemple, ou toute nouvelle mesure contraignante exigée par le contexte de l'épidémie. La contestation avait déjà largement infusé dans la population avant la crise du Covid – en témoignent les Gilets jaunes. Le ras-le-bol est immense et toute contrainte supplémentaire pourrait mettre le feu aux poudres. Or, en cas de désobéissance civile massive, la situation sera hors de contrôle. Rétablir la confiance est une mesure de salut public.

Tel sera l'enjeu des prochaines années : réparer la France et apaiser le corps social, en retissant le lien entre les dirigeants et la population. Ce chantier est immense. Là où je serai, je contribuerai à rebâtir cet apaisement et cette confiance.

Les Humbles et les Superbes

Cette crise nous a enseigné une dernière chose. Dans *Les Hommes de bonne volonté*, Jules Romains évoque deux types d'hommes, décrits dans deux volumes : *Les Humbles* et *Les Superbes*. Ce qui les distingue ? Leurs attitudes, plus que leur appartenance sociale : « Il pouvait y avoir des Humbles parmi les riches, et des Superbes parmi les pauvres. » Les Superbes, marqués par l'appétit de conquête et de possession, ne doutent jamais. Ils sont indifférents aux autres et amoureux d'eux-mêmes, ils savent qu'ils sont là pour diriger. Peu importe qu'ils divisent : ils se disent d'un nouveau monde, qui se grise et toise l'ancien. Les Humbles, eux, savent qu'ils ne sont pas tout. Face aux épreuves, ils se souviennent que des liens profonds et archaïques les unissent à leurs prochains. Ils savent qu'ils doivent être là où le devoir les appelle. Cette épidémie nous a rappelé l'importance des seconds, là où l'on ne valorisait que la force entraînante des premiers. Dans les crises, outre d'un chef pour éclairer et donner un sens, nous avons besoin de la modestie des Humbles, bien plus que de l'assurance surjouée des Superbes. Ce sont eux, les non-présomptueux, qui ont fait tenir notre société quand le tsunami est venu nous secouer. Aides-soignants ou médecins, livreurs ou patrons, conducteurs de métro, policiers, bénévoles, ils ont été présents quand les « Superbes » donnaient des leçons du haut de leur arrogance de gamins mal élevés. Nous ne devons pas l'oublier.

« Nous sommes en guerre », nous disait-on, avant d'éteindre les projecteurs. Le chef d'un pays en guerre, pour reprendre cette métaphore, fournit des munitions. Mais surtout, il prend soin des combattants et communie avec eux. Il ne les contraint pas, mais les unit. Il n'humilie pas ni ne divise, mais panse les plaies. Il ne trompe jamais la confiance. Cela demande de la bienveillance, de la maturité, une connaissance intime, presque charnelle, de la France, de l'expérience et la capacité d'entendre. Par tous ces aspects, le vrai chef est un Humble.

REMERCIEMENTS

Merci à Isabelle Monnin, pour sa patience et son coaching dynamique, à Charlotte von Essen pour m'avoir aidé à ordonner mon désordre, et à Karina Hocine pour cette confiance tissée depuis des années.

Merci au docteur Isabelle Vassor, mon adjointe à l'hôpital, et à Isabelle Gaspar, ma directrice de cabinet. Merci à tous les fonctionnaires et élus de la mairie de La Garenne-Colombes, à la Croix-Rouge de ma commune pour leur dévouement au service de leurs concitoyens, et aux professionnels de santé de La Garenne.

Merci enfin à la formidable équipe des urgences de l'Hôpital européen Georges-Pompidou : infirmiers, aides-soignants, secrétaires médicales, médecins, internes, externes, agents hospitaliers, vigiles, femmes de ménage, cadres infirmiers, agents de l'accueil, brancardiers, médecins venus en renfort de la ville, de leur retraite, de dispensaires ou de Necker : ils ont été dans cette crise ceux qui ont tenu. Ils ont été courageux. Ce texte leur est à chacun personnellement dédié. Grâce à eux, je mesure tous les jours ce grand honneur qui m'est fait d'être leur « chef ».

Composition Nord Compo
Achevé d'imprimer
par Normandie Roto Impression s.a.s.
61250 Lonrai, en décembre 2020
Dépôt légal : décembre 2020
Numéro d'imprimeur : 2004795

ISBN 978-2-07-293220-5 / Imprimé en France

377020